Catch on!
知道的書

Catch on!
知道的點

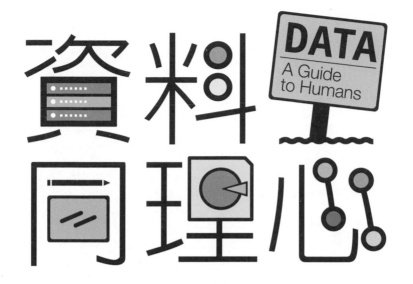

資料同理心

DATA
A Guide to Humans

飛奔的資料科學
如何變成「易讀好用」的人類新資源？

菲爾‧哈維
Phil Harvey

諾莉雅‧希門尼斯‧馬丁尼茲 博士
Dr. Noelia Jiménez Martínez

合著

田詠綸
譯

菲爾：

首先，此書要獻給我的兒子諾亞。

也獻給所有想知道結局是否終將美好的人 ——

假如仍不盡美好，表示還不是結局。

諾莉雅：

謹此紀念我心愛的庫尼塔。你是我與溫柔大自然的個人連結，

你那雙暹羅貓的藍眼珠滿佈整個宇宙網絡。

此書獻給我的家人，以及那些離世與新生之人。

感謝以下人士的支持。—— Matt Lintott

Daniel Baker

Mark Margolis

Lucy Bramley

Cormac McConnell

John Crawford

Elizabeth Motta

Maya Dillon

Gary Nicol

Chris Dutton

Chris Potts

Steve Fenton

The Pull Agency

Dan Figueiredo

Maryam Qurashi

Tim Hanagan

Matthew Smith

Sigrid Hoffmann

Séan Thompson-Corr

Alison Howard

Jo Walsh

Oliver Kunze

Russell Young

目錄

前言

菲爾的話

「科技是簡單的部分；困難的部分是人。」

我不曉得這句話從哪裡聽來的，不過我整個職涯都應證了此言不假。早在學生時期，當大多數的理工宅都迷戀著微軟系統，而我則不幸地著迷於麥金塔電腦時，我就開始遊走於人與科技之間了。這常常使我陷入窘境。舉例來說，選擇大學預科考試課程[01]時，我選的是計算機科學、數學以及傳播學。這種不尋常的組合會使我在預科學院難以排課，所以我被逼著放棄讀離散數學（discrete mathematics），改而讀統計學。面對大學學系的選項時，我選擇人工智慧學系的文學士學位，而不是計算機科學暨人工智慧學系的理學士學位。職涯發展諮詢師聽到這個決定，神態糾結地說：「你讀這個科系會找不到工作，雇主都只看計算機科學學位。」即便上了大學，我在大三仍選修日本語言文化與社會，而不是更技術性的課程。與人類學家當朋友是一大樂事。

01　大學預科考試課程（A-Level）：英國特有學制，中學畢業生（十一年級）可選擇繼續升學預科學院（college）研讀兩年課程，通過考試取得普通教育高級程度證書（A-Level）後，方能申請大學。

我在試圖成為3D繪圖藝術家時，遇到了同樣的問題。政府的職涯諮詢專員透過電話直截了當地對我說：「你沒有受過藝術訓練，你是技術人員。找一份能夠運用科技幫助藝術家的工作吧。」

　　我先是做了「非工程師」工作（試著當一位3D繪圖人員），接著成為工程師（幫助3D繪圖藝術家），繼而創辦新創公司、擔任技術長。經歷這些年後，我才真正與資料有意義地邂逅。我發現資料是一種資源，能完美支持我們對世界與世人的新理解。歷經五年，科技對我而言變得清晰了，透過科技，我能在資料中看見世界。

　　我遊走在科技與人之間好些日子了，如今這些經驗變得明朗透澈，我希望這些經驗值得分享。對我來說，這些經驗能夠以資料同理心（data empathy）的概念呈現。

　　在資訊產業把快速創新作為不間斷的養分，造成產業過度膨脹且偏執之際，我認為顯而易見的是：資訊產業缺乏人文技能。這種不平衡是有害的。我發現，資料與科技方面的同理心缺乏，正阻擋著人類向前進。證據俯首即是。

　　我想盡點心力，有鑑於我過往的尷尬科技經驗，我想我可以帶來幫助。

諾莉雅的話

我生長於阿根廷北部薩爾塔省（Salta）的首都。我在那裡長大[02]，過程中盡可能抵抗以男性為尊的文化，並在十八歲那年離開家鄉，到布宜諾斯艾利斯的拉普拉塔大學（University of La Plata）讀天文學。在那裡，男性為尊的文化固然沒有消散，不過沒那麼嚴重。

我擁有計算天文物理學（Numerical Astrophysics）博士學位，也在學術界工作多年。我運用不同的解決方案和技術（包括不同的星系化學演化模組），編寫大規模宇宙模擬程式，並進行分析工作。高品質教育在阿根廷是免費的，所以我在大學時期也研修我有興趣的芭蕾舞和拉丁美洲歷史課程。

我實屬幸運，曾到世界各地遊覽，並居住過許多不同國家，這不但要拜我的博士後職位所賜，也多虧了我住在薩爾塔時所屬的合唱團（我們很熱衷於參賽）。

最後，某年隆冬，在蘇格蘭美好的聖安德魯斯鎮（St Andrews）工作時，我意識到自己必須改變，於是搬到倫敦成為一名資料科學顧問。我十分幸運地再次得以與一大群來自不同背景的資料科學家共事；不同產業都在試圖以資料作為驅動力，或是優化已經由資料所驅動的程序。我目前任職於未裝釘出版社（Unbound），我很榮幸能擁有這份夢想中的工作。我喜愛閱讀、書本以及出版世界，也對

02　我正在薩爾塔的父母家撰寫此書，我親人的貓咪庫尼塔‧瑪奇朵在一旁「幫助」我。

未裝釘出版社的使命充滿熱情。

我和菲爾是在資料科學訓練認識並成為朋友的。第二年後，我們都指導有分析專長的博士生執行資料科學專案。他當時問我有沒有興趣幫忙寫一本關於資料與同理心的書。

我答應了，因為我有一個非常重要且源於個人經驗的訊息要傳達。我來自地球的另一邊，一個北半球少有耳聞的地方，我受教於一群最睿智、最聰明、長期受苦的人。他們都是為了躲避二戰的後果而移居阿根廷的移民。我後來也體認到與家人遠渡重洋遷移所必須付出的代價。幾個世代後，我也開始重視穩定、關係網絡與教育，開始明白數個世紀的壓迫、殘害與貪婪，對生靈萬物造成了何等折磨。

我想透過訴說我在南美洲的兒時故事來介紹自己。那裡的天空舉世最美，儘管貧窮，我們有森林、有自然澄淨的空氣、有每夜都能看見完整銀河輪廓的壯闊星空，無論誰皆能享受其中。我想傳遞一種尊敬之感，一種對大自然、對我們有幸能與其共處的萬物、對宇宙中除了我們自己與其它已知生物外的「其他」生命的尊敬。我的母親是一名生物學家，我從小就生活在微觀世界裡。她賦予我對於生靈萬物的細膩感受。她引導我深思每片葉子與每隻昆蟲的存在，其複雜與美麗，並對我訴說這些生物神祕安靜的世界與互動。因為她，這些生物在我眼中變得神聖。

我敬仰自然。我熱愛它。我尊敬它的程度勝過許多人所謂的「神聖」事物。我與自然有深刻的連結，這或許是為什麼我對地球上

的野生動物、美麗景貌以及生態多樣性現在的慘況感到極為憤怒，對未來的黑暗前景感到憂傷。

就個人層面而言，這本書的撰寫過程十分困難。我只能從深沉的抑鬱中出發，爬梳哀傷的情緒，然後重新觸碰憤怒和悲傷——這是我書寫的唯一辦法。

我在尋找社群時，找到了寬慰和希望。我發現深深擔心氣候和生態崩潰的不只有我。我必須不斷重複發揮同理心，陪伴社群的新成員理解這個現實；社群裡有年輕家長、有被忽視的科學家、有孩子……我能感受他們目睹未來正在被少數貪婪的（白種）男人偷走的痛苦與憤怒。

同時我也意識到自己的觀點與別人頗為不同，甚至在同道之人中也如此；因為我來自低度開發世界，通常每十年會有一次經濟或社會崩潰，這種摧殘加深了我的無助。我們被排除在決定重大事務的談判之外。

於是，我答應寫這本書，我要透過這個機會說清楚一件事，那就是無論如何我們都必須記得：我們就是自然，彼此相互連結。無論是身為科技專家、資料科學家或純粹作為人類的我們，都必須明白自然不能被金錢化操作。誰能為穩定的氣候、乾淨的空氣、健康的土壤、海洋、老虎、無尾熊、大象、花朵、鳥類或細菌定價呢？我們無法用金錢換得或創造這些生態。我們對這些經歷數百萬年演變的複雜系統與人類之間的精密關係了解甚少。

人類把自然當作理所當然。最屈居弱勢的生態正面臨危險。

然而，我也相信人們有改變結構和改善世界的力量。在第四次工業革命之初，我們有了新工具（如資料）以及新挑戰。

　　這是我將在本書中探討的訊息。作為一個群體，人類正面臨有史以來最重要的任務，而「同理心」是執行這項任務的關鍵概念。我從父親那裡學到這點，他教會我要先為他人著想，永遠要以慷慨的心胸理解他人的感受，並先預期他人的需要。

　　我也想幫忙。

　　我肯定自己能幫上忙。

本書用意

本書的書寫對象是那些心底明白資料很重要的人。

本書某些部分固然會涉及技術專業，但這不是只設計給專業人士看的專業書籍。如果某些段落讀起來太費勁，儘管略過。我們希望走在技術與人之間，希望促使人更親近科技，讓科技專家更親近人。最重要的是，我們希望促成兩方之間的對談。

讀完這本書後，你會有新的想法、技能與工具來幫助你運用資料同理心取得更大的成功。

可嘆的是，某些能受到本書幫助的人們不會主動拿起它。某些曾參與形塑本書基礎的講座和討論的人們並不懂這本書。我們可以從他們的回饋中聽出來。

然而，某些人如我們希望的，主動地閱讀了這本書，並給了我們很美好的回饋。有些人表示，我們這兩個硬派技術人如此深入探討「軟技能」以及科技中的環境議題，這令他們「極為耳目一新」。我們正目睹科技產業的巨變。開始有一股力量驅策人們承擔責任。員工開始要求雇主正視科技決策的生態與社會限制。儘管無法立竿見影，這類行動卻正在引領一股科技使用的變革，其中的核心在於人們對同理心的重要性有了新體認。

這本書證明了資料產業必須提升軟技能 —— 把人考慮進去 ——
而且是大幅度的改善。

感謝正在讀此書的你。讀完後，請分享這些點子、分享這本書。

我們想帶來幫助，而你也可以是其中一員。

我們的產業可以更好，遠比現在好得多。

齊心協力，我們將能成功。

導讀

資料事關重大

資料真的非常重要、非常有價值，而我們卻亂搞一通。

歷經一次次突破、一次次外洩、一次次災難後，資料的重要性在世人眼中變得愈來愈顯著。

對我們來說，資料的存在遠不只如此——它體現了人類在知識論體系上的變化，也就是「我們知道什麼，如何知道」的變化。這項新資源有助於我們認識以前看不見的世界特徵。資料經過梳整後，將可以將發揮教導、提供資訊、助人成長的作用，無論是個人或全人類都能從中獲益。沒錯，筆者真的認為資料有那麼重要。

關於「資料洩露」或「拜資料所賜的醫療突破」的新聞報導越來越多。當前，眾人都將目光轉到人工智慧（AI）上，而人工智慧吃的正是資料。沒有資料的滋養，就沒有人工智慧。人工智慧要麼將把我們變成人體電池，或操弄選舉，或摧毀世界，要麼讓所有人從工作中光榮解放，讓創造力盡情馳騁——端看你讀的社論出自誰手。

即便你的工作沒有直接涉及資料，你仍會發現資料在你四周湧現。你可能會對資料帶來的新機會懷抱希望（或恐懼）。如果你在

工作上會直接處理到資料——或許你是資料長、資料科學家、資料工程師或分析師——希望資料的力量是你工作的動力。

資料本身不是新鮮事。人類使用資料已有很長的歷史，從最早的記帳和紀錄形式，到二戰期間艾倫・圖靈（Alan Turing）與同事在布萊切利園進行的解密工作，直到里昂公司（J. Lyons & Co.）開發的商用電腦LEO（Lyons Electronic Office）問世，這套系統的功能是處理薪資資料，即當今企業資源規劃軟體（Enterprise Resource Planning，ERP）的前身。商業的資料分析應用不斷演化至今。

這種資料使用的演化定義了商業電腦和軟體，無論是簡單的電子表格，或是複雜精巧的關聯式資料庫管理系統（Relational Database Management Systems，RDBMS），都源自於它。如今，資料本身定義了電腦運算的下個階段。誠如微軟執行長薩帝亞・納德拉（Satya Nadella）所言：「任何企業都勢必得靠將資料轉化為人工智慧的能力來提升競爭力。」

大數據

在商界或學界談論資料時，很難不提及「大數據」（big data）一詞。這個術語單純是指：超出你目前資料處理能力的資料。對某些人來說，大數據指的是大規模資料——這個規模可能指涉列數、兆位元數，或是系統生產資料組的速度或「奇怪」方式。本書的用意不在於介紹這個令人興奮的新科技領域——市面上已經有許多這類書籍了，上網搜尋一下就能很快找到。

對筆者而言，「大數據」的熱潮有幾項關鍵的分支概念。

1. 大數據突破了關聯式資料庫管理系統「最佳實作規範」
   的框架，讓新世代的科技專家能以不同的方式思考資
   料。
2. 大數據熱潮讓主流大眾注意到資料與資料分析工作。
   這代表現在所有人都能獲益於這項資源。

如今，資料比以往都更容易取得，其使用與應用方式也更廣泛。

圖1：資料爆炸性激增 —— 從你剛好擁有的資料，涵蓋到關於一切的資料

「大數據」現在很容易被當作Hadoop Stack[01]的代稱，但如果想展開更有趣的討論，就應該回歸「資料」一詞來談。本書之後都將著重使用「資料」一詞。

知道還有什麼很重要嗎？

答案是：人。

在許多方面而言，人類都是一種奇怪的動物。人類太費解，費解到我們發展出自然科學、哲學和社會科學來深化對自己的理解。在人類層面上，我們都能使用同理心這項工具來了解他人。

同理心很重要

因為資料已成為主流，當你在進行資料工作時，會遇到來自背景更廣泛和多元的人。如今，你若要在資料工作上取得成功，就必須通過「人」這關，因此「人」的重要性比過去都高。有人的地方，就需要同理心。

「同理心」的概念尚未普及，在科技圈尤其如此，所以必須特別點出來談。[02]本書的目標是讓同理心在資料產業中變得真實、重要且易於實行。

以下舉一些你會與哪些人打交道的例子：

01　Hadoop Stack：指一系列開放原始碼的科技，這些科技主要使用MapReduce平行處理技術來處理大量資料，處理速度比串列處理快。

02　至此，精明的讀者可能已在大喊說：「使用者體驗呢？」請放心，筆者之後會談到。

圖2：你周遭會圍繞許多人 —— 有為了你好的人，也有想傷害你的人

1. 一般大眾。假設你現在從事資料工作，一般大眾會對你的工作以及工作動機很有興趣。[03] 他們很可能會以某種形式成為你正在處理的資料。他們可能也會懷疑你拿他們的資料做什麼。他們也會問，你的產品是否符合造碳中和與永續循環經濟的原則。

2. 你的老闆。你可能會要求他們給予更充裕的預算、增添更強大的運算能力，或雇用更多人。抑或，你必須向他們報告你的工作成果，或解釋某項任務為何失敗。

03　本書撰寫期間爆發了劍橋分析（Cambridge Aanlytica）公司的醜聞。由於媒體高度關注這件擁有可怕影響力的事件，因此我比以往都更常被人要求：「再解釋一遍你什麼工作好嗎？」

3. 你的同事。沒人能在工作上遺世獨立。你會需要人際互動來完成工作 —— 尤其當他人是你取得珍貴新資料的關鍵。

4. 其他「資料人」。從事資料工作意味著你會成為社群中的一員（即涉及工具、演算法與新資料的社群）。

這些不同類型的人都有其需求和感受。

思考這個新的資料世界時，最好的方式是把每個人都看作它的公民。是好公民還是壞公民則取決於我們是選擇發展還是忽略資料相關技能。如果你的工作不需要直接處理資料，那你可以從資料識讀力的技能著手。這些技能將有助於你理解資料工作的成果以及這些成果與你的關聯。

如果你的工作需要直接處理資料，那你就需要具備更強大、更專業的技能，並不斷精進這些技能，來確保工作的效率與成功。

不論是技術或非技術人員，這些技能包括「硬技能」，像是程式設計、資料庫設計、視覺化等等；也包括「軟技能」，如說故事、關係建立、協商、倫理、哲學和同理心等等。

每個人都有一套自己較擅長和較不擅長的技能。有些人認為技能只有「好」與「壞」之分，無法改變。「才華」或「與生俱來」這些形容詞往往透露了這種心態。軟技能特別容易被如此看待。但這種觀點並不反映事實。技能需要透過練習來保持熟練。與其定義「好」或「壞」，選擇「變得更好」其實才是重點。眾所周知，想把

程式寫得更好，就必須靠練習。這項原則也適用於軟技能。

資料的軟技能有助於我們與他人合作。

與人合作會為你在資料工作上取得更大的成功。我們稍後會在本章明確解釋原因。

你可以透過練習來提升技能，無論是軟技能或硬技能。

在後續章節中，筆者會介紹與資料相關的重要軟技能，列舉好做法與壞做法的案例，並說明如何透過練習來提升這些技能。

無論你是誰，展開同理心的旅程後，你會發現自己越來越能察覺許多新觀點、發現不同的生活方式、感受生命間不同的互動模式，繼而開始關心「我們為什麼會來到地球上」這個更悠遠的問題。

本書的第二部分將探討如何解構這些觀點。但在那之前，我們先來探討一些你可能尚未深究的觀點。

A CLIMATE IN CRISIS

氣候危機

有鑑氣候危機情況緊急，筆者認為有必要以此作為本書的敘事框架。我們邀請讀者透過反思，發揮同理心來關照那些屈居弱勢的萬物，以及正在或將要受到氣候危機影響的所有生靈。筆者知道必須直截了當點出這項議題，因為人類在往後十年間的所有舉措都會為氣候變遷和生態崩潰帶來影響。

這是我們還能力挽狂瀾，避免狂亂天候導致毀滅，並如氣候科學專家所預測的，使所有行星系統受牽連的最後十年。我們相信這項任務涉及所有人。或許，親愛的讀者，若剛好在科技圈工作的你們能創造最強大的影響。

觀點很重要：星球的臨界點

人類居住在這個絕無僅有且資源有限的星球上。在日常生活中，我們很容易迷失在各式活動中而不曾望向天空（不過現在光害嚴重——尤其倫敦這類城市——能見度也不好）。我們失去了與自然的連結，也看不清自身的處境。我們沒有時間去意識宇宙有多麼浩瀚，而我們相較下又有多麼渺小——但同時，又多麼特別。本段落是要鼓勵讀者練習以一種不同且更宏觀的視野來看待地球，練習以外人的眼光讚嘆它，再次覺察我們棲身的這個藍色小星球的美麗與脆弱。

我們能將外部觀點延伸到什麼程度？

天體物理學家常常被問到宇宙間是否還有其他「文明」或生

命。一定有。宇宙如此浩瀚。然而，在這個脈絡下，比較罕見的會是人類這種「有意識」或是所謂「有智慧」的生命——這是假設人類文明是有智慧的文明（筆者存疑）。

　　某些研究指出，我們尋找不到其他「有智慧」的文明的原因之一是「有意識」的生命活不過自身摧殘。[01]

　　能夠理解物理定律、製造跨星球溝通科技和交通科技的文明，它在發展過程中肯定會面臨一項挑戰：追求先進科技的同時，要如何不耗盡生態資源。當該物種用盡其星球上的一切資源時，就可能無法通過這項考驗。[02]

　　我們可以把這類文明比喻為病毒。攻擊人體的病毒沒有群體策略，也無法在下一次行動之前探討和計算後果。病毒的運作方式與超生物體（superorganisms）不同，它們只會運用人類宿主的所有資源來自我複製。這種擴張會把宿主逼到精疲力盡的地步，如果沒有受到阻止，它最後將殺死宿主（試想未受醫療處置的愛滋病毒或伊波拉病毒）。這意味著病毒本身的存在也會受到損壞。因此，除非病毒在殺死原宿主之前轉往其他宿主，重新開始整個過程，否則它將無法存活。如果沒有宿主可以感染，病毒就會不復存在。

01　出處：Nick Bostrom, 'Existential Risks: Analyzing Human Extinction Scenarios and Related Hazards', *Journal of Evolution and Technology*, Vol. 9, No. 1, 2002, 參見：www.nickbostrom.com/existential/risks.html。

02　在卡爾達肖夫指數（Kardashev scale）中，文明若要從類型0演化到類型1，就無可避免地會摧毀其居住的星球。出處：N. S. Kardashev, 'Transmission of Information by Extraterrestrial Civilizations, *Journal of Soviet Astronomy*, Vol. 8, No. 2, October 1964。

延續這個比喻，一個行星文明若像病毒般使用一切資源，當宿主星球毀滅將至時，它就會迫切尋找另一個星球來移居。原理是，宿主的生命和資源有限，而病毒沒有及時停止擴張。

氣候危機與人類賴以維生的自然資源枯竭的情境，是否令人聯想到火星殖民和伊隆・馬斯克（Elon Musk）？

在本書撰寫當下，移居火星的實際可行性——尤其是對大眾，而不是只對少數特權階級而言——仍然很低。再者，在摧毀地球後「逃離」地球前往下一個「受害星球」甚至無法與病毒的行為相提並論，因為病毒不為其行為負道德責任。這種行為會為人類留下很不光彩的名聲——這還只是婉轉說法。

關於人類（或說某部分人類）是怎麼開始擁有意識，而意識經過多長時間才出現於地球的，衍伸出了許多有趣的問題。我們無意深度討論此問題，而是要著重於發揮覺察力、理解力，並運用科學知識來展開一場想像之旅，從可觀測到的宇宙邊緣，通往到我們的家：地球。著眼於大局有助我們以新觀點思考自身問題。請利用這個機會記住我們在宇宙中以及生命歷史中的位置。劇透一下：人類才剛來到地球，但已經快速改變了數百萬年演化而來的樣貌。[03]

假設從宇宙邊緣以光速（每秒299,792,458公尺）旅行，我們需四百六十五億光年才能抵達地球。

動輒數十億光年計。這是因為宇宙很巨大。它有大約一百三

03　宇宙還有非常多我們看不見的地方。欲了解更多資訊，請見：www.cfa.harvard.edu/seuforum/faq.htm。

圖3：哈伯深空（Hubble Deep Field）圖像展示了圍繞著我們與
我們居住的小星球，遼闊到難以想像的宇宙。

十七億年的歷史，容納超過兩兆個星系，其中有星球，或許也有生
命。[04]

　　我們消化一下這個事實。

　　我們在回家的路上能看見宇宙的纖維絲狀結構。宇宙網 —— 請
見圖4，一張圖能勝過千言萬語 —— 其中有不同星系系統聚集，隨
著暗物質（dark matter）的軌跡，呈現複雜的階式架構（hierarchical

04　出處：Christopher J. Conselice et al., 'The Evolution of Galaxy Number
　　Density at z<8 and its Implications' , *The Astrophysical Journal*, Vol. 830,
　　No. 2, 14 October 2016，參見：www.iopscience.iop.org/article/10.3847/0004-
　　637X/830/2/83/meta。

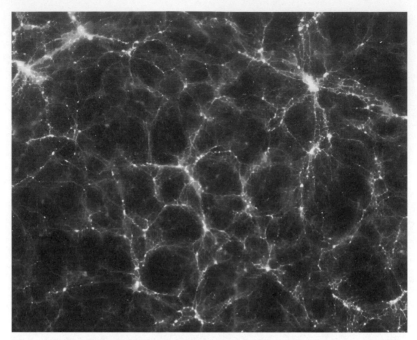

圖4：宇宙網。每個小點都代表著一個遠大於你體驗過的任何事物的系統，它們連結成一個更龐大的網狀系統……涵蓋無限事物！

structure）。這些纖維絲的長度通常是兩億光年，而寬只有兩千萬光年。它們會連結，之間留下巨大空洞。當這些纖維絲交會時，會出現另一組由星系團與小星系群所組成的龐大架構：超星系團（superclusters of galaxies）。

　　隸屬於室女座超星系團（Virgo supercluster）的本星系群（Local Group）是我們的星系銀河系的所在。銀河系是典型的螺旋狀星系，它與周遭的另一個螺旋，即肉眼可看見的仙女星座（Andromeda），十分相似。我們與其他五十個（或超過五十個）矮星系共存於同一

區域。

從銀河系的一端旅行至另一端要花上十萬光年。我們趕緊起身前往銀河系中的其中一個旋臂：獵戶臂（Orion Arm）。途中，我們會見到一些恆星。銀河心有超過三千億顆恆星。

拜「重力微透鏡」（gravitational microlensing）技術所賜，現在我們知道行星繞行恆星是規則而非例外。據估計，銀河系有超過一千億個行星系統[05]，但我們感興趣的是繞行某顆恆星的行星系統，這顆非常典型、屬於G型星的恆星，即俗稱的太陽。

地球是從太陽起算的第三顆行星，大約在四十六億年前形成。它承載生命，而就我們目前所知，這是宇宙中是很獨特的特徵。最早的生命形式是在四十二‧八億至三十七億年前[06]地球形成之後不久出現的。生命有許多型態樣貌，而人類只是其中的微小變體。在你查閱人類在親緣關係樹（phylogenetic tree）中的位置後，你會發現自己又更渺小了。儘管渺小，我們擁有意識。某些人能創造藝術和科學。雖然有些人堅稱人類是「有智慧」的物種，在一探本書將揭露的事實後，我們可以再重新想想這點。

05　出處：'Planet Population is Plentiful', European Southern Observatory, 11 January 2012，參見：www.eso.org/public/news/eso1204。

06　出處：M. S. Dodd et al., 'Evidence for Early Life in Earth's Oldest Hydrothermal Vent Precipitates', *Nature*, Vol. 543, No. 7643, pp. 60–64，參見：eprints. whiterose.ac.uk/112179。

人類活動與地球

　　人類活動不曾與自然環境和諧共處，只消查閱每次人類聚落「征服」新領地後的當地物種數量變化，就能明白這點。不過，歷史上仍有某些社會成功維持了與周遭環境的某種平衡，這可能是因為他們對生態系統之間精細的連結具備深度知識，或是他們體會到這種環境平衡的助益，抑或只是瞎貓碰到死耗子。這些社會不是當今主宰世界經濟或生活方式的社會，而是最後僅存的少數原住民族。他們無助地看著周遭熟悉的一切凋零而無計可施。現在可能是我們向他們學習如何與環境相處，過著與大自然連結的簡單生活的最後機會。

　　二〇一七年的資料顯示，人類活動排放的二氧化碳全球平均大氣濃度已達405.5 ppm。[07]上次出現如此高的濃度是三百萬年前，當時地球處於上新世中期，氣溫比現在高出攝氏二至三度。相較之下，一七〇〇年代中期出現工業革命之前，全球平均二氧化碳濃度大約是280 ppm。

　　人類正以前所未見的速度、規模、嚴重和複雜程度改變地球。對於這些改變會對許多生態造成什麼影響，我們已經有部分的認知了。有些影響已是眾所皆知。然而，它們屬於可測得的影響——我

07　出處：Rebecca Lindsey, 'Climate Change: Atmospheric Carbon Dioxide', Climate.gov, 20 February 2020，參見：www.climate.gov/news-features/understanding-climate/climate-change-atmospheric-carbon-dioxide。

們無法得知測量不到的影響。我們眼睜睜看著珍貴脆弱的生態系統和物種消失，在我們還來不及研究、理解，並為其命名之前就凋零了。這些生態系統之間的互動（或無互動）與回饋都尚未被探索。

二〇一八年十月，聯合國跨政府氣候變遷委員會（Intergovernmental Panel on Climate Change，簡稱 IPCC）公布了一份令人震驚的報告，其中比較了兩個全球暖化情境的後果。[08]巴黎協定先前設定的最具抱負的目標[09]，也只能讓我們剛好避開氣候崩潰將帶來的生態系統、社會與經濟的嚴重破壞。該委員會指出，巴黎協定先前安於將升溫控制在工業化前攝氏二度內的目標是不夠的；要避免地球升溫攝氏一·五度將造成的高度風險，就必須採取「緊急且前所未有的改變」。

這涉及在二〇三〇年以前將溫室氣體排放量降低百分之四十五（以二〇一〇年的排放量為基準），並在二〇五〇年達到淨零排放。

雖然這聽起來已經很驚人了，許多人士仍表示該委員會的報告過於保守，未能解決氣候變遷所交織的迴圈強度和危險[10]；該報告忽略了溫室氣體引發骨牌效應的災難性風險（這種效應會由系統間的互動以及其耦合式非線性動態中產生）。這意味著地球將沒有退路，全球暖化會無法停止，甚至加速。這稱作「熱室地球（Hothouse

---

08　出處：Global Warming of 1.5°C, ipcc，參見：www.ipcc.ch/sr15。

09　出處：'The Paris Agreement', United Nations Climate Change，參見：unfccc. int/process-and-meetings/the-parisagreement/the-paris-agreement。

10　Bob Ward, 'The IPCC Global Warming Report Spares Politicans the Worst Details', *Guardian*, 8 October 2018.

Earth）」。到時候，降低排放量的一切努力都將無效。[11]

更甚者，英國氣象局（UK Met Office）指出，由於全球暖化和自然氣候的綜合變化，從現在至二〇二三年期間，地球暖化可能會首度暫時超越工業化前的攝氏一‧五度。[12]

科學家發現海洋會吸收燃燒化石燃料、製造水泥、和開發土地時所排放的二氧化碳。這造成從工業革命之初至今，海洋的酸度增加了約百分之三十，干擾著海洋生物從海水中提取鈣質以建造外殼和骨骼的能力（人們忽略的交互作用還不僅於此）。農業用水礦物質過多，排入海洋後導致海水缺乏氧氣，危害所有海洋生物，導致死亡區（dead zones）的增長。這些死亡區的面積估計為二十四萬五千平方公里。

我們甚至無法估計某些後果，例如全球暖化的加速對其餘物種會造成什麼影響。這些經歷數百萬年演化的物種跟我們一樣有權利存在。破壞發生的太快了。

11　出處：'Planet at Risk of Heading Towards "Hothouse Earth" State', Stockholm Resilience Centre，參見：www.stockholmresilience.org/research/research-news/2018-08-06-planet-at-risk-of-heading-towards-hothouseearthstate.html。

12　出處：Jonathan Watts, 'Met Office: Global Warming Could Exceed 1.5C Within Five Years', *Guardian*, 6 February 2019，參見：www.theguardian.com/environment/2019/feb/06/met-office-global-warming-could-exceed-1-point-5-cin-five-years。

第六次大滅絕：沉默生命的觀點

　　以地質時間而言，大滅絕很罕見。一般的滅絕速率有個估計值，稱作背景滅絕率（background extinction rate）[13]。大滅絕至今發生過五次，上一次是恐龍仍行走於地球的六千五百萬年前。這些滅絕事件在極短的地質時間內消滅了為數甚巨的物種，範圍涵蓋全球。本書撰寫當下，物種滅絕速率估計比背景滅絕率高出一千至一萬倍。[14]兩棲動物是最瀕危的動物，滅絕率高出四萬五千倍。即便情勢緊迫，「昆蟲物種將在一個世紀內崩潰」等頭條新聞，仍無法帶來影響。

　　每年大約有六萬種物種消失。雪上加霜的是，與這些物種相依的物種也會因此受到威脅而滅絕。以人類而言，我們之所以能生存，就是微妙地仰賴鳥類、昆蟲與健康土壤來生產食物。

　　對於地球上的其他物種而言，我們是來自地獄的鄰居。消滅生物的美妙多樣性、摧毀其自然棲地、以「文化」為由獵捕、引進外來物種、利用土地從事農業和畜牧，都是人類的「功勞」。其他造成全球暖化的人類活動也使問題更加棘手。

　　我們正在經歷地球的第六次大滅絕。前五次是不涉及道德責任

13　伊麗莎 ・寇伯特（Elizabeth Kolbert）撰寫的《第六次大滅絕：不自然的歷史》（The Sixth Extinction: An Unnatural History）是每個人類必讀的好書。

14　出處：'HalWng the ExWncWon Crisis'，Center for Biological Diversity，參見：www.biologicaldiversity.org/programs/biodiversity/elements_of_biodiversity/exWncWon_crisis。

的自然現象，但這次卻是人為所致。

在為滿足人類目的的土地開發上，我們再次看見這種不檢的行徑。在一篇近期發表於《科學》（Science）的文章中，作者們運用Google Earth研究全球各地森林[15]，發現全球百分之二十七的森林損失是人類為了生產商品砍伐森林、永久性改變土地用途所致。森林損失的其他因素還包括商品生產、林業、農業、野火以及都市化。如果讀者承受得了，可以看看全球森林觀察網（Global Forest Watch）製作的地圖，網址是：www.globalforestwatch.org/map。

這個議題非常貼近筆者的心。諾莉雅出生於阿根廷北邊的薩爾塔省。薩爾塔省、巴拉圭、玻利維亞、巴西都有部分區域為大查科森林（the Gran Chaco）所覆蓋。以面積和生態多樣性而言，大查科是僅次於亞馬遜幅員最廣且生物多樣性最高的森林——擁有約三千四百種植物物種、五百種鳥類、一百五十種哺乳類，以及二百二十種爬蟲類與兩棲類物種。這座森林也是原住民族威區族（Wichi）居住地。[16]據估計，在過去十年中，大查科森林光是在薩爾塔省，面積就消失了百分之二十。

衛星影像顯示一片片森林被大豆田劃分。這讓我們憤怒難過，懷疑是不是沒有人好好思考這種行為。沒有發言權的那方正在受到侵害。為什麼沒人考慮到森林中的人類和非人類群體？這些群體如

15　出處：Philip G. Curtis et al., ‘Classifying Drivers of Global Forest Loss’, *Science*, 14 September 2018，參見：science.sciencemag.org/content/361/6407/1108。

16　出處：‘Gran Chaco’, Wikipedia，參見：en.wikipedia.org/wiki/Gran_Chaco。

何知道掠奪者何時會跨越其土地和疆域，而大豆園和牲畜又何時會入侵？土地被劃分為耕作專用地對這些群體造成什麼後果？自然世界與農業用地壁壘分明，沒有過渡區域，完全非自然。人類怎麼會以「利益」之名破壞這些土地？剝削土地的經濟利益能與獨特生物多樣性的損失相比嗎？大規模的開發、濫伐、破壞原住民的居住地會帶來什麼後果？我們不是應該降低碳排量嗎？

請暫時跨出思想框架想想看⋯⋯

這些原住民族有他們自己獨特的觀點。他們以不同於我們的方式將生活與大自然連結。本段落的觀點來自諾莉雅 —— 身為科學家並過著高度西方化生活、同時家鄉森林正在被摧毀；她透過尋找關於地球環境惡化的網站與資料來哀悼損失，而有些受到影響的生命，則是親身經歷破壞，不需要資料就能體會。當你看著森林消失的地圖時，他們就是資料中的一部分，與其他數以百萬計、存在於森林中數十億年的未知物種一同受害。

你能進入並理解這個觀點嗎？

連應該受到保護區域，都遭到濫伐來供農業和畜牧使用。這是產業中的多層權力與勾結下的腐敗政治所致。威區族、托巴族（Toba）[17]、瓜拉尼人（Guarani）和許多其他原住民族群都對未來失去希望而移居城市，被逼著適應我們的「文化」。環境議題牽涉許多複

17　出處：Uki Goni, 'Soy Destruction in Argentina Leads Straight to Our Dinner Plates', *Guardian*, 26 October 2018，參見：www.theguardian.com/ environment/2018/oct/26/soy-destruction-deforestation-in-argentinaleads-straight-to-ourdinner-plates。

雜層面，不單是我們咫尺內所見的層面而已。這個情況在世界各地重演；剛果、亞馬遜雨林、印尼都有同樣情況 —— 這還是少部分例子。

生態焦慮：一種對地球深切同情的形式

我們陷入氣候危機的根本原因很複雜，但與西方看待大自然的概念有很大的關係。舉例來說，男人必須「主宰」地球、透過地球獲利的概念，就像聖經一樣久遠。在結構上，男性仍然獲益於旨在將超過百分之五十的世界人口排除在決策席外的體系。女性遭受不平等待遇已經數個世代了 —— 這大概還言之過輕。在許多領域中，性別差距正開始緩慢縮小，但不平等仍是歷史事實，而且至今仍未消弭。這個體系是建立在殖民主義和帝國主義的基礎上，北半球強權在過去透過這兩種主義剝削南營國家（Global South）[18] 來利己，現在也一樣。這延續了一種基於出生地、經濟條件、膚色的錯誤人類階級。

氣候危機的起因與這種猖獗的父權制度、資本主義、消費主義、殖民主義和種族主義緊密相關。若要解決氣候危機，就必須訴諸全球性、普世性與根本性的手段。

個人、女性（尤其是薩爾塔的女性），在眼見氣候崩潰，卻又

18　南營：與「第三世界」（Third World）同義，泛指歐洲和北美以外地區的低度發展國家，且在政治或文化上處於邊緣地位。

無法以微小力量創造改變和阻止暴行而感到無力時，會產生絕望。部分人類對整個生態的作為，難道代表他們有權消滅獨特的生物嗎？我們甚至無法估計天底下有多少我們尚未發現的生物和種類；對於環境的視而不見或故意忽略，都會使人類成為終結數百萬年遺傳譜系（genetic lineages）的始作俑者。這肯定是我們需要處理的道德問題。

「生態焦慮」是一種心理狀態，它來自當人們意識到科學事實，卻目睹決策者忽略這些事實時所產生的認知失調。這是一種結合失去地球的深刻悲痛與無力感的狀態。預測到自己即將目睹文明崩解，怎麼不會絕望？我們將面臨數百萬氣候難民、水和食物短缺、野生動物滅絕、民主制度崩潰等災難。數億人口以及地球上其他所有物種的存亡，端看人類往後十年的作為。

我們的生命維繫系統正處於危險中。因此，社會與經濟系統也面臨威脅。氣候與生態崩潰的後果對於最脆弱的族群（如南營國家、各地野生動物）會產生不成比例的嚴重影響。[19]

我們該如何為未來幾年做準備？多項研究估計，未來會出現更多分裂與戰爭、資源會更稀缺、人會越來越缺乏同理心。從這個組合來看，我們可以預期殘酷的一點：只有最富有的一群得以生存。

綠色和平組織（Greenpeace）和國際特赦組織（Amnesty International）認為，若要喚醒人們對問題急迫性的意識，直接行

19　J. Timmons Roberts and Bradley Parks, *A Climate of Injustice: Global Inequality, North-South Politics, and Climate Policy* (2006, MIT Press).

動是一大關鍵。數億人口將會受到氣候造成的貧困與糧食短缺問題衝擊。上升的海平面將使數百萬人流離失所、摧毀家園,並造成世界各地社群的壓力。颶風、地震和海嘯會更頻繁。空氣汙染會持續威脅我們的日常生活,造成疾病和早逝。極端炎熱的天氣會更常發生。與高溫相關的死亡人數會上升,而森林火災的發生率將激增。由於氣溫和酸度增高,我們的海洋將難以提供我們呼吸所需的氧氣。我們已經目睹亞馬遜和剛果等區域的大火延燒數週,而澳洲的叢林大火估計也使十億動物喪命。

窮人、老百姓與弱勢族群處於危險當中。最弱勢的族群卻沒有發言權。貧窮地區和貧窮國家對環境破壞的責任最小,但卻最容易受傷害。排放最多溫室氣體的是前百分之十富有的人口,這點顯而易見。中國和美國是碳排量最高的紀錄保持者,但後者的現任總統川普[20]卻聲稱不相信氣候變遷。在歐洲的部分地區與世界的其他地方也存在同樣的否認之說。這是因為解決問題和採取必要措施是非常不便的事 ── 儘管這關乎整個地球的整個未來。

我們都知道哪一百家公司排放了百分之七十一整體溫室氣體,它們應該受到撻伐。我們知道它們透過行銷活動,刻意模糊化石燃料產業導致氣候變遷的事實,就如從前菸草產業刻意模糊吸菸和癌症之間的關係。我們知道全球最大的三十三家銀行在巴黎協定後仍提供一‧九兆美元的資金給化石燃料公司。這些公司不斷試圖擴張

20　編按:本書撰寫時川普仍擔任美國總統。

化石燃料活動，持續進行往常的做法，投資數十億元美金來重塑品牌形象。

資料賦予我們的新意識有助於我們了解所有這些議題。人們可以運用科技與資料提升理解並創造正面的改變。

社群與全球行動：同理心作為主導

有些人開始做出反應了。我們舉得出幾個名字，因為很幸運地，這些人的數量正在增加，而且很快會成為多數。二〇一九年是環境議題終於進入公眾領域的一年。

二〇一九年受到諾貝爾和平獎提名的青年行動主義者格蕾塔・童貝里（Greta Thunberg）表示，她在課堂上得知氣候變遷的影響後，就無法停止思考這件事，這使她開始發動罷課，到瑞典國會前抗議。原本獨自罷課的她，在過去一年中動員了全球超過六百萬人響應氣候罷課與抗議。二〇一九年一月，這位勇敢的女學生在舉辦於瑞典達弗斯（Davos）的世界經濟論壇上說：「有些人說氣候危機是所有人的共業，但這不是事實，因為如果每個人都有責任，那就沒人是罪魁禍首。然而，有人正是元凶……特別是某些人、某些公司、某些決策者，他們很清楚自己為了繼續賺難以想像的巨量財富而犧牲了哪些無價的價值。」[21]

21　出處：Ivana Kottasova and Eliza Mackintosh, 'Teen Activist Tells Davos Elite They're to Blame for Climate Crisis', CNN, 25 January 2019，參見：edition. cnn.com/2019/01/25/europe/greta-thunberg-davos-worldeconomic-forum-intl/index.html。

另一位動員年輕群眾的女性是潔米·瑪戈林（Jamie Margolin），她因為自己「享有健康環境的基本且不可剝奪的權利」受到侵害，對美國華盛頓州提出告訴，並創立名為「零時」（Zero Hour）的組織，旨在透過多元的年輕聲音，尋求以負責任的方法因應氣候崩潰。世界各地還有更多年輕人引領著氣候運動，要奪回他們的未來。這大概是那些有罪的貪婪男人唯一需要害怕的事。他們會需要迅速改變自身產業，否則就得面臨倒閉的危險，因為他們將失去一群有學養和意識的年輕消費者；這群消費者會要求設計良好且尊重生態系統的產品和服務。[22]

我們也看到，令人欽佩的超群女性國會議員亞歷山德里婭·歐加修-寇蒂茲（Alexandria Ocasio-Cortez）試著在美國推動一項打擊經濟與種族不公、對抗氣候變遷，稱為綠色新政（New Green Deal）的計畫。

二〇一八年，反抗滅絕組織（Extinction Rebellion）在筆者所在的倫敦成立，其活動現在已經擴及全球。該組織頻繁阻礙重要橋樑、機場，以及街道的通行，要求政府採取更有力的行動阻止氣候崩潰和生物多樣性的喪失。

多年來，科學家們不斷警告，人類搞亂氣候的非線性系統，遲早要面臨後果。在英國，大衛·艾登堡爵士（Sir David Attenborough）甚至誓言展開「人口過剩是造成混亂和其他地球物種

22　網址：thisiszerohour.org。

資源枯竭的一大主因」的探討。這還只是少部分例子。在討論公開化、有色人種女性得以發聲後，解方開始出現。這並不是巧合。這些人親自投入改變，揭發導致問題的壓迫體制，實屬傑出。

筆者認為，這個人類史上最龐雜、多面向的挑戰沒有簡單的解方。人們在心態上必須有所改變。「獲利」和「成長」的概念需要重新受到檢視。人口成長的控制至關重要 —— 在整體社會系統需要重新架構、野生動物生態面臨瓦解的此刻尤其如此。

延續上述例子，目前一項由世界知名的自然學家暨作家愛德華‧威爾森（E.O Wilson）主導的宏偉計畫，正致力於將地球的一半保留給所有其他物種。[23] 筆者希望計畫盡快實現，否則將為時已晚。我們需要思考自身行為的後果，考慮會受影響的對象，尤其是最脆弱且沒有發言權的那群。對此，資料極為有用。資料能讓世界更透明化，讓所有人都有管道取得關於我們星球的知識。

本書將探討人們能如何運用同理心來取得更大的成功。這意味著取得更大的影響力，並在需要之處加以發揮。有什麼能比在地球生存更重要呢？有什麼能比拯救我們自己和星球上所有其他物種更急迫呢？

當我們尋求理解並一同合作，就可能會有希望。合作（即社群共同努力）與同理心（這是根本要素），將會是解決人類當前最大難題的關鍵。

23　計畫詳情請見：www.half-earthproject.org。

EVOLVING EPISTEMOLOGY

演化知識論體系

筆者在導讀中提到過：資料體現人類知識論體系的根本轉變。除了潛在商業價值，這種認識事物的方式的轉變更是與所有人息息相關。知識論體系革命比科技革命或工業革命都更罕見。我們正在經歷第四次工業革命（儘管有不同見解），這甚至不包含從狩獵採集到農業社會、青銅時代、鐵器時代等等的轉變。筆者以下將透過實例來把這些轉變脈絡化。

組織性宗教

人們的精神生活起初寄託於村莊流傳的故事，後來轉至「大他者」（the big Other）的存在，以及組織團體所代表的「他者」的存在。以知識論的角度來看，知識的權威起初是建立在基本感官的經驗證據上，後來轉為建立在以故事為基礎的迷信與長老或巫師的「特殊感知」上，最後，知識的權威變成由強大神靈傳下來給「祭司」的產物。一位團體外不同文化的陌生人會被當作不服神明「真理」的褻瀆者，而不是新知識的來源。以上是簡化過的解釋，不過筆者希望它仍闡明了知識來源的變化。[01]

印刷機

大眾開始能以低廉價格取得大量書籍，促成資訊、知識和故事的民主化，知識與述說故事的擴展可說是奠定了現代社會的基礎。

01　出處：'Jacques Lacan', Wikipedia，參見：en.wikipedia.org/wiki/Jacques_Lacan。

大眾開始能透過閱讀而不是話語來取得知識。順道一提：根據轉述，蘇格拉底「很討厭文字」，因為「文字會扼殺學生的記憶，使他們變得健忘；他們會相信外在文字，不去自己記憶」。[02]真正的知識只能透過對話來取得，更甚者，閱讀會讓學生誤以為自己擁有的資料是知識。我們固然難以認同文字有害，但各位稍後會發現，此處關鍵在於：不把資料錯當知識 —— 涉及人工智慧時尤其如此。

啟蒙運動

科學的誕生把「知識」連結到通過嚴謹方法所提煉的理性和經驗證據上。在與宗教爭奪「真理」的過程中，科學這條通往知識的途徑，是扎根於嚴謹證據和可重複套用的方法上的。現在，非理性信念唯一能被接受的情況是當「資料」作為分析的開端的時候，而且需要在可重複套用與檢查的方法下接受檢驗。傳遞神諭的神秘主義者和天使不再被接受。

網際網路

網路出現後，資訊開始以前所未見的方式傳播。訊息的傳播快速自由，若要了解某件事，伸進口袋拿出智慧型手機就行。（蘇格拉底對這句話中的「了解」兩字，肯定有話要說！）

02　出處：《克拉克柏拉圖抄本》（Codex Oxoniensis Clarkianus）中的〈費德魯斯篇〉（Phaedrus），抄寫於西元前八九五年。

資料比上述發展都更重要

資料不僅僅是像當初在網際網路人工策展資訊（human- curated information）[03]的另一種新形式；資料是資訊之所以能大量創造與應用的核心基礎。「資料」（data）在拉丁文中的意思是「被給予的東西」，在這層意義上，資料是紀錄某領域的狀態或改變的單位，而我們被給予該狀態或改變的紀錄。這些資料可能是溫度感應器上的讀數、伺服器記錄檔中的網頁請求紀錄，抑或是書本中的文字。

資料是一種新感官，我們可以從中獲取新的經驗證據。不只有人類，人工智慧在被創造後也擁有這項感官。

從我們開始有能力透過資料記錄世界的狀態，到後來網際網路的誕生，資料都是在受控制的環境下（如醫院實驗室或機器上的感測器），或是透過市場調查產生的。這種資料很微小，而且與某項程序或高度特定的應用緊密相關。資料是昂貴程序的產物，受到少數特定人士的仔細審查，過程就如同印刷機問世之前，僧侶製作泥金裝飾手抄本時那般慎重。

如今，資料隨處可見。多數程序都會受到計量、追蹤，或受到某個實體或虛擬感應器以及相關流程的測量，藉此記錄資料。如果沒有，那肯定有團隊正在研究怎麼計量它們。此模式延伸到監測自然過程以及人類對全球環境的影響上，各國政府和私人企業也開

03　編按：「策展」（curate）一詞援引自藝術文化領域，是近年網路領域相當流行的術語。
　　人工策展資訊（human- curated information）：指透過人為的分析、篩選、整合，從
　　龐大無際的網路之海中，歸納出比電腦運算更為人性化、個性化的資訊。

始追蹤他們所能取得的任何個人資料，無論是電信通話、網路供應商網站流量、網頁點擊量、社群媒體的按讚數，抑或是影像證據。就最後一點來說，筆者所在的英國擁有全世界最廣布的監視系統之一；就程度而言，目前倫敦僅次於北京。本書出版時，倫敦很可能已經奪冠了。我們生活的證據每天都受到捕捉。

身為人類，我們會記錄他人的所做所為、所說的話、溝通方式、商業與人際網絡，也會記錄他們去了哪裡、買了什麼、如何娛樂自己、有什麼喜好……，以及其他所有能被記錄的事物。

或許有規範規定如何正確使用資料，但這些規範不會影響資料的產生量。這些龐大的資料集甚至能得出關於人們潛意識的欲望和想法的證據。

這些資料有強大和正面的用途，從對抗疾病、研究宇宙，到確保人們接收到相關、可能確實有用的廣告，無所不包。

哲學家和社會科學家透過推理和稀少的證據已研究人類數千年了。如今我們能運用資料（即科學最根本的元素）來檢驗推論 —— 但我們必須找到方法。我們甚至不必相信純粹的決定論，因為我們能以概率為前提建構和測試資料模型。透過這個方式，機器可以在準確性上超越人類，比我們看得更清楚 —— 在實際與比喻層面上皆然。

資料確實是「人類的指南」。（這是本書原文版的副書名。）

誰獲利，誰付錢？

在知識論體系變革的時代，誰受益，誰獲利？談到獲利，就像任何淘金熱潮一樣，那些販賣開採新資源工具的業者，獲利最豐。然後，那些成功採集資源的人也獲利，名符其實地挖到寶。

長久來看，如果那些資源確實有價值，人類的整體福祉也會提升。就受到資料支撐的人工智慧為例，它能使我們擺脫乏味的勞役工作，打造一個由研究者、藝術家、作家和哲學家所組成的烏托邦。我們將能改善身心健康、更了解自己、致力於保護動物和地球不受到人類影響。然而，短期來看，由於人們需要適應取得知識的新方式，情況會非常動盪。某些人會找到方法來操弄資源，藉此獲取凌駕於他人之上的權力，他們會利用假資訊和操縱手段，攪亂知識生成的循環。

二〇一八年，劍橋分析這家公司就曾罔顧倫理和同理心，濫用了人類的「新知識」，造成駭人影響。在本書撰寫期間，該案件已被揭發的部分如下。該公司以模糊、遊走法律灰色地帶的方式，取得了五千萬人的臉書「按讚」資料，使旗下的資料科學家能精確地模擬那些人的心理狀況。有心人士能利用這些剖析資料投放個人化廣告，透過操弄對象的潛意識恐懼來影響其行為，此手段據稱已經影響了可能不只一場選舉。做出這件事的技術專家後來成為舉報者——當初他過於專注在他能做的事上，但缺乏不能做的觀點和同理心，即便他清楚感覺此舉有違倫理。

眼光轉向未來，資料在下一個階段將帶動高度的責任歸屬。我們從大型石油和天然氣公司走漏的證據中發現，這些公司心知自身惡行會造成氣候危機，這些證據還包括名單、地址，以及七十間需要為氣候變遷負責的執行長的照片。我們擁有眾多資料，從關於宇宙、整個地球、天氣系統、生物圈的資料，乃至於關於影響全球的決策者的資料。透過公共領域資料，那些犧牲最多的人能夠要求獲利者負起責任。

　　上述運用資料操弄民主制度的案例顯示，資料已經從根本上改變了我們的世界。而身負決策任務的政治人物沒有與時俱進這件事也顯而易見。政治改變跟不上新證據出現的速度。選擇從政的人該擔心的是，那些具備處理資料能力的人、那些能運用手邊資源來揭發、解釋大眾將被迫承受什麼改變的人，將會監督他們負起責任。

　　除了政治人物，還有位居全球財富金字塔頂端的人。透過他們生活的資料，我們也能指認和檢視他們帶來的衝擊，這包括他們生活中所產生的廢物，乃至他們是如何讓員工在受剝削的環境下替他們製造財富、為他人的富足而犧牲。

　　資料是很厲害的資源，它擁有改善所有人生活的力量，我們都應該要受惠於新的理解。知識體系的演變正在發生，而它不應該只涉及金錢利潤。我們也可以受益於社會資本。我們能讓世界成為更好的地方。

DATA IN DEPTH

深入資料

什麼是資料？

本章首先要展開哲學實驗，探討資料的根本特質。筆者這麼做的目的是要鼓勵讀者重置預期心理，先放掉眼前工作上的憂慮，專注於這裡談論的事物本質。

這麼做為何有用？這麼做有助我們在進行資料工作時，質疑那些被我們當成後驗[01]真理的假設。無論你身處何種科學領域、面對什麼統計資料、程式或問題，當你以同理心活動於真實世界時，先驗[02]真理會是你思考和發展需求和感受的特殊方式。如果你對某個系統的推論無法真正跳脫眼前的經驗現實，那你就沒辦法為這個由資料驅動的新世界帶來重大的影響。簡而言之，「延續過去」的做法，已經不夠好了。

資料的定義

問問自己，什麼是資料？這裡講的不是它在字面上「被給予的東西」的定義，也不是要探討資料在現代英文文法中的正確複數用法，而是要探究它是什麼。若各位有興趣往下看的話，接下來的哲學討論將把資料的現象學與本體論分開來談。

現在讓我們進行拆解工作，剝除一層層資料現象，直到無法再

01　譯注：後驗（posteriori）形容透過觀察或經驗所「知道」的事物。
02　譯注：先驗（priori）形容透過理論所「知道」的事物。

繼續，並在最深處尋找到定義資料的根本元素為止。下列這一串累積性公理（cumulative axioms）（真實的句子）組成了我們對資料的定義：

1. 同一筆資料能夠以多種不同格式儲存，像是CSV、JSON、XML[03]、位元組（bytes）以及手寫文字等等。

2. 資料有許多表示法，這代表資料本身不是任何單一的表示法，而是被表示的東西。

3. 去除表示法的結構後，就只會留下資料本身的純粹元素。

4. 單獨的數字不是資料，它是無意義的，它只有在表示法的拓展下才有意義。相同地，個別的字詞或符號也不是資料，它們只代表自身效力。

5. 資料的元素是相互依存的。資料的每個元素都替其他元素提供脈絡。依存性是必要的，它讓整組資料保有其資料意義。

6. 資料不等於其格式或其個別元素。就這點來說，資料是一種完形，這個意思是，資料是一個有組織的整體，而不只是其部分的加總。

7. 英文的data（資料）一詞嚴格來說是複數形，這個複

03　編按：CSV、JSON、XML是三種常見的機器可讀的（machine readable）儲存資料格式。

數形是由一個個 datum 所組成。雖然較少使用，就上述幾點來說，使用 datum 一詞更為正確。

8. 所以，data 是由一群完形 datum 組成的，data 存在的唯一形式是作為其元素的集合，無關於其包含的表示法。

9. 這個完形 datum 代表了一個宇宙（無論是現實或概念的宇宙）的原子性部分狀態。那個狀態的特徵的原子性以及 datum 的完形特質是同一件事。在資料系統中，「原子性」描述的是無法進一步分割（即全有或全無）的一套作業。

10. 資料本身就是在這種概念領域中透過記錄某個宇宙的部分狀態而產生的。

這到底哪裡有價值了？以更有同理心的方式看待資料和資料科技，意味著你做的關於資料的決定完全取決於你的執行領域和觀點。其他處理與你完全相同的資料、但身處不同領域或持有不同觀點的人，可能會與你有完全不同的需求、感受和期望。

在本章的其餘部分，筆者會再提出幾個術語並說明其意義。

資料旅程

　　資料的價值需要透過該它所展開的旅程來實現。這趟旅程在傳統學術角度上稱作DIKW金字塔（Data, Information Knowledge, Wisdom pyramid，資料資訊知識智慧金字塔）。這個模型的目標是要讓資料展開通往智慧的旅程。

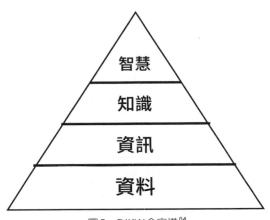

圖5：DIKW金字塔[04]

　　智慧固然是高尚的目標。然而，以真實世界的價值（指能以某種方式改善世界的價值）進行思考卻比較實際。這比較符合組織使用資料的方式。檢視某個組織時，你比較可能會看到循環，而不是直線（爬升金字塔的旅程屬於直線）。日本企業哲學家野中郁次郎所發展的知識創造理論（Knowledge Creation theory）也呼應這項觀

04　出處：'DIKW Pyramid'，Wikipedia，參見：en.wikipedia.org/wiki/DIKW_pyramid。

點。野中最為人所知的是SECI模型，即社會化（socialisation）、外化（externalisation）、組合（Combination）和內化（Internalisation）的組織內部知識轉移模型。從資料角度來看的循環會像是這樣：

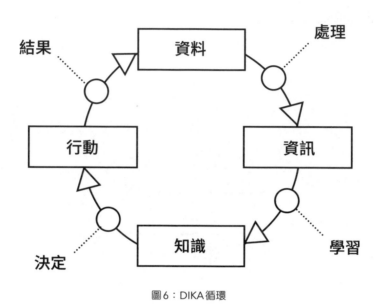

圖6：DIKA循環

這個循環的前三個階段和DIKW金字塔一樣，但是筆者將「智慧」替換為「行動」。這個模型並不排斥「智慧」──它仍存在於「知識」和「行動」之間──但它並不是首要元素。

我們來依次看看每個部分。

資料

　　資料是原始資源。如上所述，資料是某個狀態或改變的紀錄，而那個狀態或改變是某個行動的結果。「進入」資料的箭頭可說是「結果」。這麼想吧：資料是你走路時留下的腳印。每個腳印代表一個步伐，而集結所有腳印，就能得出足跡紀錄。如果你對鑑識科學或野生動物行跡追蹤有興趣，這些記錄會透露更多端倪。在現代世界中，人們可以透過配置實體和虛擬感測器來收集幾乎任何東西的資料。這就是可處理的資料量爆炸性激增的原因。[05]

　　從資料旅程的觀點來看，資料和資訊是兩個獨立且相異的東西。如上所述，資料是一種原始資源。這意味著它必須經過處理才能被使用。圖6那條離開「資料」、前往「資訊」的實線即代表這個處理過程。至此，筆者認為點出牽涉「資訊」和「資料」這兩個在產業中受到混淆的詞彙的語意難題很重要。

資訊

　　在圖6的脈絡下，「資訊」是受到選定、以某種方式處理的部分資料。這個處理過程可能是很單純地透過查詢（query）[06]來進行細部選定（sub-selection）；然而，在資料成為資訊的旅程上，還有許多處理過程能運用，像是：重新命名、聚合計算、特徵縮減和篩選。

05　出處：'Information Explosion'，Wikipedia，參見：en.wikipedia.org/wiki/
　　information_explosion。
06　查詢是明確指定的資料請求。在程式設計的含意中，查詢可能會透過SQL（Structured
　　Query Language，結構化查詢語言）來表達。

有時候，這些過程產生的資訊看起來會非常像一開始所使用的資料，有時候則差別顯著。在我們的定義中，儲存於高度結構化的資料儲存體（如關聯式資料庫管理系統）的，是資訊而非資料，這是因為該資料已經過處理和結構化，與其原始型態看起來非常不同。

這項區分很重要（從資料同理心的角度來看尤其如此），因為它點出了關於「資料發生了什麼事、你處理的是否真的是資料，還是經過細部選取和處理的一組資訊」的問題。資訊集通常很有價值，而且可當作資料使用。處理的目的通常是為了精進基礎資料資源，使它更有價值。然而，若對資訊進行大量人為管理，原始資料資源固有的靈活性可能會喪失。我們在附錄一討論「綱要」（schema）時，會再詳細探討這點。

圖6從資訊向外延伸的那條線最容易被描述為「學習」。資訊在被消化和處理後產生知識。這個學習的過程以及關於知識的討論涉及哲學思辨，特別是教育學和知識論的思辨。

知識

在此脈絡中，知識是一種習得的系統性狀態。這個狀態是從資訊中學習而來的，而且結合了先前的經驗並將之脈絡化。研究知識論會發現，「知識」的定義涵蓋深層、複雜、且與信念緊密交織的領域。探討資料旅程時，筆者將以簡單為原則，並假定知識能存在於上述的簡單定義之中。在資料旅程的情境中，知識是驅策行動的燃料。

當系統運用「從資訊中學習」的過程來實現新的內化狀態，它就獲得了知識。這個系統可以是人類也可以是機器。通過獲取知識的過程，將有助於在特定領域做出改變的決擇。在這趟旅程中，獲取知識有一個目的：為行動提供依據。有鑑這是一趟資料旅程[07]，從資料驅動行動的過程中產生的知識稱作：資料驅動決策（data-driven decision-making）。

我們可以將「知識」和「行動」之間的箭頭描述為「決定」。這是根據收集到的知識來採取特定行動的決定。需要注意的是，這個簡化模型中所描述的知識並不是一種孤立的存在。學習是一種透過新資訊來擴充現有「經驗」的過程。這意味著該模型假設系統的初始狀態並不像一張白紙般純粹。這點適用於人類（我們都受到基因、文化、學術教育的影響），也適用於任何機器或軟體（其建構或設計過程借助了既有技術）。

行動

行動是人們在目標領域中做出改變的作為。這類行動可以是：在行走時向左轉、在交易中以特定價格競標、或是為廣告選擇背景顏色。這種行動會為目標領域創造出新狀態（即狀態的改變）。對此，你的感應器將會記錄有關這個改變的資料，讓循環再次轉動。

行動是這個過程的重點。少了行動，系統的宇宙就不會改變，而循環也就無法繼續。

07　資料旅程（data journey）：指資料從收集到使用的各個階段。

循環

著手資料工作時，你必須思考該工作在此循環中的位置。這項工作會涵蓋多少過程？你有考量各個階段的不同嗎？你會收集資料嗎？你是否藉由提供資訊來幫助他人？或許你試圖做出資料驅動的決策？

人工智慧，尤其是機器學習，呼應了這個循環，並有助於解釋資料的可得性和可能性為何是至關重要的轉變。機器學習透過「從可得的資料中選取資訊」的過程產生一個「模型」。這個「模型」被用來將決策過程自動化，這意味著它能容納於循環中的「知識」空間。簡而言之，這代表我們開啟了關於自身世界更寬廣和更複雜的一套新「感知」，而我們可以運用除了我們自己之外的資訊處理系統來解讀和使用這些新感知。這些能產生資料的感知就如同人工智慧的眼、耳、鼻、嘴與皮膚。我們正在與機器競爭誰透過資料採取行動的能力更好。

資料經濟

在一個經濟體中，生產者和消費者之間會交換產品與服務。資料並無不同 —— 這裡的產品就是資料。生產者會將這些產品以及相關服務提供給消費者。

我們來更詳細看看這些概念。

資料產品

資料產品是指由某個系統生成，旨在作為資料、容納資料或來自資料，提供給另一個不同系統使用的任何產物。資料產品的例子涵蓋紙本資料、由感測器提交的結構化位元組、檔案、數位化文件和視覺呈現。從資料旅程的角度來看，一項數位產品可以是資料或是資訊。

資料產品可以是原始化、結構化、格式化、策展化、控管化、表示化、公開化或操作化的產品。這些資料產品的各個不同狀態都有其存在的原因，也有必須被認真看待的特質。而要認真看待一件事，就需要同理心。在任何時候，一項數位產品都可能處於多個上述狀態之中。舉例而言，某項產品可能同時是結構化與控管化，或策展化與公開化。

不同的工具、格式和技術都適用於資料的各個不同狀態，只是適用程度不同而已。把資料某一狀態的工具、格式或技術用在另一個狀態，可能會導致混亂和問題。在此段落中，筆者將逐一說明資料的各個狀態。[08]

⬤ 原始／非結構化（Raw/Unstructured）

原始資料是指從生產源頭交付、未經任何形式的轉化或結構化的資料。它的結構受到其生產方法所定義。

---

08 請見附錄一關於「同理心崩潰」（empathy breakdown）的討論。

需要注意的是，所謂非結構化的資料其實並不存在。所有資料都擁有來自它來源系統的結構。在使用「非結構化」一詞時，人們指的通常是承載許多尚未整頓之架構的資料。

◉ 結構化（Structured）

　　結構化資料指經過整理，並已透過某種方式使之與目標系統或目標的關係具備規律性的資料。於此，原始資料或資訊（即先前經過處理的資料）的形式受到改變，而變得更適用於特定目標。

　　在本書撰寫當下，「結構化資料」時常被當作「儲存於關聯式資料庫的資料」的同義詞。聽到資料生產者或消費者提及結構化資料時，去挖掘這個術語的涵義，並真正理解說話者的意思，會是明智之舉。

◉ 格式化（Formatted）

　　格式化資料是指格式被轉換為適用於特定處理方法的資料。相同的資料結構能以許多不同的格式呈現。即使是在單一檔案內，格式化資料也能以不同方式表示。舉例而言，用於深度學習（deep learning）[09]的逗號分隔值（CSV）檔案與用於資料視覺化的CSV檔案，兩者就可能完全不同。

　　對於資料儲存系統來說也是如此。一組結構化資料能以非常不同的格式化方式儲存於相同的資料庫中。在關聯式資料庫系統

09　一種能產生多層（深度）神經網絡的方式，這種網絡用於處理大量的示例資料。

中，時常會有一組「檢視表」（views）來使這個過程能夠被管理。在NoSQL[10]的資料庫系統中，有個可能情況是，資料會複製變成替代格式（alternative formatting）[11]。這可能會導致難以釐清「單一事實源」（single source of truth）或是不曉得在需要進行某項改變時應該更新哪些資料。

◉ 策展化（Curated）

　　策展化資料是經過策展者（curator）套用特定「篩選條件」產生的資料。策展者可能是人類或是自動化程序。在使用策展化資料產品時，有意識地關注策展者的程序、動力和動機，是非常重要的。資料受到策展的原因有很多，從要為特定情境做出適當篩選，到進行抽樣以確保資料量處於可處理的程度，都有可能。

　　最簡單的資料策展形式是根據技術需求進行選取。當動機影響選取結果時，選取就變成策展了。這個動機可能純粹是基於美感，也可能是受到商業目標的驅動。

　　舉例而言，一些免費的網頁分析工具會在網頁流量達到某個程度時提供取樣資料。這能使該互動工具提供具一致性的使用者體驗，也為該工具的付費版本提供了很好的「追加銷售」機會。

　　當策展超出技術選取的範疇時，可能會造成資料使用的意外結

10　NoSQL有許多定義，但是最常受到使用的兩種是：1）No SQL，即不使用結構化查詢語言和關聯式資料庫典範的資料庫系統，2）Not Only SQL，意指有多項典範在被使用的資料庫系統。
11　例如將紙書本轉化為有聲書或盲人點字書，就是所謂的替代格式。

果，尤其在不清楚策展的背後動機時更是如此。

「意外結果」輕則只是誤會，嚴重時可能意味著錯誤決策。在極端的例子中，意外結果可能會導致整個系統的缺陷。

內顯策展（Implicit curation）是資料產品團隊的人為因素所導致的。如果資料產品的開發團隊缺乏多樣性，就可能使資料組變得偏倚。舉例而言，如果某團隊利用自己的照片來訓練演算法，就會使該演算法出現以該團隊成員為基礎的偏倚性。即使是組成較多元的團隊也可能受害於「團體迷思」，導致團體想法凌駕於個體差異之上。

外顯策展（Explicit curation）指的是一組資料特別被設計來提供特定敘事或是支持特定主題。就像美術館的展覽一樣，這些資料被設計來達成某項理想。如果以外顯策展呈現，但是具有欺瞞的意圖，那就是「統計欺騙」。

下述的資料產品後期狀態可稱為為複合式策展。也就是說，策展化資料再次受到策展，在此情況下，會有多項動機被揉合進資料產品。要釐清這串關係鍊會變得非常困難，尤其情況攀升到「新聞」或「報導」（無論是真新聞或假新聞）的層次時更是如此。

● 控管化（Governed）

控管化資料類似於策展化資料，但其外顯動機會是「資料控管」，也就是制定關於資料的品質管理和品質保證的規範。資料控管作為一個過程，它對於其控管的資料產品，也具備相同的選擇性

和操弄性，但控管化資料的目標和原則會是外顯且容易尋找到的。

　　舉例而言，在資料控管的過程中，資料的可存取性可能會受到嚴格的控制和查核。對於希望透過自由探索來釐清哪裡能產生新價值的資料科學家來說，這點可能很棘手。

● 表示化（Presented）

　　表示化資料是特別提供給特定「故事」的特定目標使用。人們最常將表示化資料產品稱作「資訊」。在處理資訊工作時，若要在「故事」外進行新穎的分析，過程通常會困難很多。

　　表示化資料甚至比策展化資料更容易受到動機的影響。在過度依賴系統或組織所提供的資訊前，先調查那些系統或組織的動機，總是明智之舉。

　　雖然這讀起來可能警示意味濃厚，但是表示化資料若可以被信任，它可能極為有用。重點在於，我們必須了解資料為什麼以特定方式表現，這點在面對所有資料類別時都一樣。

● 公開化（Published）

　　公開化資料是指經由各種管道明確宣傳的表示化資料。期刊文章中的資料或企業內部報告中的視覺化資料都屬於公開化資料。很多時候，公開化的資料產品會刻意設計成除了發表之外，無法運用至其他用途。

　　可攜文件格式（Portable Document Format，簡稱PDF）檔就是

一種公開化資料的格式。它不屬於資料交換檔（DIF）格式。當資料生產者以PDF檔將資料提供給資料消費者時，這份資料旨在供人瀏覽，生產者不會期望消費者更進一步處理該資料。

◉ 操作化（Operationalised）

操作化資料是指系統中的某一部分，用來採取特定行動的功能性資料，例如，應用程式或人工智慧的某一部分。操作化資料在結構、格式和使用方式上的限制通常最嚴格。資料內容、結構或格式的改變，時常也會導致使用該資料運作的系統發生改變。

當資料被操作化時，容納該資料的系統將被優化和仔細建構來生產系統化的輸出，且不會是通用的資料系統。因此，若試圖從該系統中擷取資料來進行分析，就可能會造成該系統的意外負擔，導致問題。舉例而言，如果你有一個每日處理數百萬筆交易的交易資料庫，查詢所有的歷史交易將會導致該交易系統嚴重的負擔。

資料產品和同理心

從同理心的觀點來看，了解你處理的資料產品的性質是很重要的。然後，理解資料產品為什麼會以特定方式處置，並理解資料產品生產者的需求和感受，將意味著你能提出更好的問題，並且更快發現通往成功的路徑。

就個人而言，在你自己的生活中，你必須問自己的問題是：你想知道什麼事？市面上有許多不同種類的資料產品。現在你知道它

們可以如何被呈現了，接下來的重點在於你希望用它們做什麼。你需要的是哪些產品？

你需要關於你當地空氣品質的公開化資料嗎？抑或，你想要的是經過較少處理的東西，想尋找關於當地企業對當地影響的格式化資料？你是否想知道大規模森林砍伐地區的居民的觀點？舉例來說，如果你選擇透過在馬達加斯加付費種樹來抵銷你的碳足跡，你知道該國家的生活工資（living wage）是多少嗎？或許你會想知道你的當地大學握有什麼能帶來宇宙新發現的知識。資料提供了一條通往所有這些你可能想知道的不同事物的途徑。

當然，要記得，你選擇的資料產品包含其處理者的某些觀點。

資料生產者

資料生產者是指那些負責交付資料產品的人或系統。資料生產者是資料交易中的角色，而不是某個職稱或職涯階段。所有資料交易（無論多小）都有它的資料生產者。

在「應用程式稱霸[12]」的傳統情況，或是強調實體裝置與其限制的硬體情境中，資料生產者的角色與資料之間通常有某種程度的距離。資料通常會受限於應用程式或裝置，而後來經手的資料生產者只能有什麼用什麼。資料常常被過度操弄到應用程式系統中，這使得擷取夠「乾淨」的資料來製造合乎期望的資料產品，變得更困

12　軟體應用程式，現在普遍稱作「app」。這裡的應用不是指將資料「應用」於某個情境。

難許多。以程式工程師為例,在一個系統受到設計和建構後,他們必須設計和製作一個新的應用程式介面(Application Programming Interface,簡稱API)來存取該系統的資料。

報告分析師或資料科學家可能會交付資料產品,進而在更廣大的系統中擔任資料生產者的角色。然而,在通常情況下(就前述的「數位旅程」定義來看),這些人履行的是洞見或資訊生產者的角色。雖然這個角色的同理心也是關鍵,但它與資料生產者的角色很不一樣。資料生產者和資訊生產者之間的混淆是我們作為一個產業所面對的重大問題。就是這種混淆使得PDF檔案被當作「資料」來交付。

在筆者撰稿當下,資料工程是與資料生產最相似的工作。隨著新系統開始被概念化,以及有越來越多產業更了解資料的價值,資料生產者的觀點開始受到更明確的定義。另一方面,資料消費者也在資料系統中進行工作。對上述對象發揮同理心是資料驅動的舉措取得成功的關鍵。

以下是你可能會碰到的資料生產者:

- 傳統公司:它們會收集收銀機捲紙的零售資料,再回頭把該資料賣給零售產品製造商。
- 市場研究公司:它們會透過訪談及問卷調查蒐集人們的資料,提供分析結果的資料集。
- 機器或感應器:這包含物聯網(the internet of things,

簡稱IoT）中的機器或感應器，它們會收集實體世界中的資料，並將其回向提供給更大的系統。

- 還有那個「把電子表格電郵給你的人」。
- 以及「上週儲存某個檔案的你自己」。

資料消費者

資料消費者是指消費資料產品的人或系統。資料工作者在職涯前期較常會擔任資料消費者的角色。我們通常是在作為資料消費者時，第一次碰到「缺乏同理心」這個大問題。我們也會因為忘記發揮同理心，咒罵那些讓身為資料消費者的我們過得更加艱難的資料生產者。

資料消費者時常是資訊生產者，他們身負探索資料、從資料中發展出洞見的任務。資料消費者可能是任何從業者，從工程師、設計師、記者到報告分析師（reporting specialist）都有可能。每個職業都有其限制和目標。

學習對這些資料生產者的需求與感受發揮同理心，是資料消費者的責任，正如同對資料消費者的需求與感受發揮同理心，是資料生產者的責任一樣。相較於憤怒、封閉、好鬥的態度，以開放的同理心看待具有挑戰性的情況，本著建設性妥協的精神發展工作關係，將會帶來更大的成功。

試著理解資料生產者處於什麼限制之中。某項資料產品是在系統生命週期的哪個階段被開發的呢？眼前的資料產品是否其實是資

訊產品，且缺少必要的工具或理解，抑或是無法存取資料生產者仰賴的工作系統，因而無法滿足你作為資料消費者的需求呢？

有越來越多的資料消費者是人工智慧。以目前的演進狀態來看，人工智慧會是最挑剔且最不會溝通的資料消費者。它們缺乏對資料生產者的同理心，而且存在於最脆弱的理解系統之中，這並不令人意外。身為有同理心能力的人類，我們有對機器發揮同理心的新責任。在蘇珊·凱文博士（Dr. Susan Calvin）[13]的世界中，人類必須對資料和人工智慧系統進行推演。那個世界比你想像的更近。

以下是你可能會碰到的資料消費者：

- 資料分析師：他們會消化資料並製作報告或圖表。
- 機器學習系統：它們會消化資料，然後製作出以軟體為形式的模型。
- 產業分析師：他們會消化資料並提出洞見。
- 你的眼睛和大腦：它們可以視為資料處理系統，用於生產關於你面前事物的知識。

13　科幻小說家以撒·艾西莫夫（Isaac Asimov）作品中的「機器人心理學家」。

圖7. 資料生產者與資料消費者

互動

● 技術性的「不」vs 策略性的「好」
（The tactical 'no' vs the strategic 'yes'）

我們來看看適用於任何組織的技術人員和非技術人員的互動情境。非技術人員想要做某件事，希望技術人員能幫忙。很多時候，非技術人員會很在乎某個個案研究以及其結果值，在乎的程度遠高該結果要如何在技術上實現。

以下是一些簡單的例子：

- 「X公司透過分析，每年省下了二十萬美元」
- 「Y名嘴說，深度學習將為每位零售消費者節省一百英鎊。」
- 「機器人流程自動化（robotic process automation，簡稱 RPA）能減少顧客在客服中心的等待時間。」

　　一位企業領導者（非技術人員）聯繫其技術部門說：「我希望公司能運用深度學習來更了解客戶並節省客服開銷。」一位技術人員想了一陣子回覆說：「沒辦法。深度學習需要的處理能力比我們目前能取得的更強大，而且以我們目前的時程來看，我們沒有時間準備所需資料。無論如何，我們可能需要再多聘一位資料科學家。」這位企業領導人感到灰心地走開。這只是例子之一。

　　傳統上，資訊科技部門、分析部門或資料部門變成了「不」部門。它們很昂貴、很聰明、很賣力工作。他們說「不」的原因有很多。隨著時間過去，他們越來越不想多做解釋，而且越發感到挫折。

　　資料生產者和資料消費者之間的關係也是如此。「不」增加時，你就會發現這個現象。這通常會造成技術團隊或個人有不好的感受，因為他們成了「總是在說不」的人。這些「不」具有技術性，它們有助於你避開愚蠢的要求，並幫助你管理時間。讀者可以在別處找到許多關於學習拒絕的資源。

　　然而，這種雙方累積的挫敗感可能帶來很大的破壞，也不利於轉型成資料驅動的企業。帶同理心的「不」聽起來的感受頗為不

同，造成的挫敗感也較小。

富有同理心的「不」會是策略性的「好」。這種帶有合作性的「不」能為對話雙方都帶來成長。那要怎麼做呢？

策略性的「好」意味著你的答覆可能會是某種形式的「不」，但你仍尊重詢問者的需求和感受。投資一種長期的合作與理解的文化會是很好的做法，這能使雙方對於「事物的可能性」有更一致的理解，進而能減低需要說「不」的情況。策略性的「好」顯示你不排斥合作，也沒有自認「知道所有事」，而且試圖與詢問者一同學習。

沒錯，這很耗時，但請記得，要脫離「不」的泥淖，同樣很花時間。

策略性的「好」是什麼模樣？

問：「我們能運用深度學習來辨認問題客戶嗎？」

答：「好，這個想法很有趣。我們正在研究不同形式的機器學習，而我們發現對的資料是關鍵。若你能幫助我們了解資料裡的『問題客戶』是什麼模樣，我們可以試試看。我們可以實際嘗試幾個模型，看看深度學習是否是正確的選擇。」

我們來拆解一下上述答覆。

- 「好，這個想法很有趣。」很多時候，某些點子對於企業來說是很有趣的（不論技術上的可行性多高）。你需要接受業務人員之所以提問，正是因為他們感興

趣。這與你無關。

- 「我們最近正在研究不同形式的機器學習。」這可能就是對方的詢問動機。他們對你在從事的計畫感興趣，他們讀到了關於深度學習的「一些東西」。

- 「若你能幫助我們了解資料裡的『問題客戶』是什麼模樣，我們可以試試看。」這等於是直接尋求對方的配合。這點很重要，因為你並不對整個解決方案負責。

- 「我們可以實際嘗試幾個模型，看看深度學習是否是正確的選擇。」於此，回應者脫離了明確「給予」解方的角色，而不是全然根據最初提出的選項作回覆。

　　雖然你沒有說「不」，但你也說明了為何該計畫沒有實現的條件，並把詢問者帶入情境中，讓他們也參與這個過程。現在，這個對話有了幾個可能的方向。如果該組織具備關於資料科學與機器學習的正式流程，你可以尋求讓計畫進入該流程的許可。那意味著該計畫會依流程安排為優先項目 —— 其他人會必須投入計畫，而詢問者也得支持這項解決方案，一如他們支持其他計畫那樣。

　　如果組織沒有正式流程，合理的做法是尋求清楚的後續步驟，並確保上述雙方都在各步驟中投入時間。如果詢問者無法投入時間，這表示他們拒絕；經過這個流程後，他們會更清楚理解解答該問題需要涉及哪些事物。

　　讓我們假設一下這項工作進入了更深層次的探索。在任何組織

中，成員都會有「如何預約時間」的共識（會議即為一例）。上述案例的首次會議或許能專注於深入了解「問題客戶」的定義。這場會議將確立「詢問者沒有關於問題客戶的明確定義」這件事。所以在繼續進行流程以前，先請詢問者解決這個問題，會是合理的做法。

在每個階段中，詢問者也都有說「不」的選項。在這個過程中，他們也在學習，而組織的文化也隨之改變。雙方都有發揮同理心的機會，即便雙方都是技術人員也一樣。舉例而言，資料消費者要求資料生產者的新資料集透過應用程式介面交付時，雙方也能有這種互動。

在有些情況下，你會覺得策略性的「好」像是在浪費時間，或是覺得學習任何軟技能是在虛擲光陰。然而，唯有透過投資新技能和學習，你才能變得更成功。

雙重角色

無論你覺得自己平時擔任什麼角色，你在某個時間點肯定會擔任雙重的角色，就算你現在擔任資料生產者，但你生產的可能是未來作為消費者的你會用到的資料，明白這點很重要。各位肯定有對自己過去的決定感到懊惱而「想揍自己一頓」的時候吧。

作家艾倫·狄波頓（Alain de Botton）曾在他的網站「人生之書」（The Book of Life）[14] 中，針對同理心寫過一篇極好的文章，我很

14　一個提供心理成長內容的網站，內容取材自藝術與哲學。（譯註：該網站已經改名為人生學校（The School of Life））。

推薦各位閱讀。[15]文章的梗概是，藝術有助發展同理心。這是因為藝術能幫助我們將自身觀點和經驗應用在他人身上，藉此體會相近於他們的需求和感受。

　　資料工作的日常讓人聯想到一七八七年，賈克－路易·大衛（Jacques-Louis David）一幅名為《蘇格拉底之死》（The Death of Socrates）[16]的畫。這幅畫描繪蘇格拉底遭判死刑，被迫喝下鐵杉毒汁的場景。蘇格拉底被指控敗壞雅典年輕人的心智。雖然這個故事乍看離我們很遠，但越看這幅畫並思考其中人物與他們所表現的感受，就越能發現它與我們工作景況的呼應之處。蘇格拉底坐在中央，儘管手端毒杯，仍不屈不撓地繼續對學生施教。你在從事資料工作期間，是否曾被指責過「引進奇怪的產品」或試圖「敗壞」他人的心智，慫恿他們違背根深蒂固的觀點？有些時候，人們還會因此被解雇，可謂職場上的處決。畫中把毒藥杯遞給蘇格拉底的人物，則可被視為某些專案經理，他們心知專案很糟糕，但還是會把它交給同事執行。這與資料工作中的棘手道德抉擇很相似吧？在背景中，有一群男人離開現場：他們是在下了決定後把後果留給別人處理的指控者嗎？還是某個推銷不適用的產品的團隊？抑或是哪個在提供令人難以理解的報告後就走人的分析師？你是否曾一走了之，留下別人處理你的決定的後果？

15　出處：'What Is Empathy?' The School of Life，參見：www.theschooloflife.com/thebookoflife/what-is-empathy。

16　導讀中的圖2就是本書根據這幅畫所提供的版本。

回想一下你過去的行為和「正確決定」導致你日後質疑自己智力的時刻。你當時為什麼沒有記錄某個現在已變成關鍵的資料元素？你為什麼沒有儲存原始資料，只儲存了對你目前工作無用的轉換後的次要狀態？現在再想想，別人的「正確決定」可能如何導致了你目前的挫折和困難？

在每個涉及資料的情境中，你都可以透過自問以下問題來發展同理心：

1. 我是資料生產者還是消費者？
2. 擔任另一個角色的人是誰？
3. 我有多清楚對方的需求？
4. 我該如何更了解他們的需求？
5. 有了這些認知後，我有沒有在工作時將這些需求納入考量？
6. 如果沒有，我該如何做到？

回答這些問題能讓你在資料工作上取得更大的成功。

　資料同理心

EMPATHY IN DEPTH

深入同理心

什麼是同理心？

　　來自技術背景的兩位本書作者曾經認為同理心的定義很簡單明瞭。人們大概都知道如何使用這個詞造句，也可能在商業領域聽別人用過，但或許卻不曾真正深度思考它的定義。

　　本節極為簡要地概述了同理心的複雜定義。如果你受到啟發，想了解更多詳情，請見全文各處的參考資料。由於本書關注的是同理心領域一個非常具體的部分，本部分解析將著重探討下圖8。

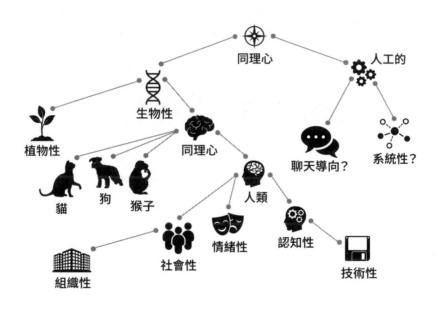

圖8：同理心的種類

定義同理心

生物與人工同理心

在樹狀圖頂端，我們可以看到雙向分岔成生物同理心與人工同理心。「智力」與「人工智慧」之間也有類似的分野，「人工」形容的是受到建構而非與生俱來的事物。在此圖表中，人工同理心又分出了「聊天導向」同理心，這是指與使用者談話的互動介面（例如聊天機器人或陪伴機器人）所模擬的同理心。明特・戴爾（Minter Dial）的著作《人工智慧同理心》（*Heartificial Empathy*）中有一項有趣的相關討論，作者談到他與「陪伴機器人」的互動，並探討了「組織性同理心作為人工智慧的一種形式」。[01]

圖表顯示了人工同理心的第二個分支：系統性同理心，這是指被建構到系統內（而非介面內）的同理心。飯店可作為一個類比。辦理入住手續的櫃台人員即為介面，而飯店的經營則是系統。即使辦理入住的人員表現出同理心，但飯店整體缺乏同理心（如浴室裡沒有毛巾或你無從得知退房時間），你就會有較差的住宿體驗。這與應用於人工智慧系統的使用者體驗概念有很大的重疊；隨著我們邁向數位智慧系統普遍化的世界，我們需要更深入探討這點。筆者在下一章談到典範同理心模型時，會再簡短討論這個主題。

眼光轉移到「生物性同理心」的分支，我們即進入了非科技

01　Minter Dial, *Heartificial Empathy: Putting Heart into Business and Artificial Intelligence* (2018, DigitalProof Press).

所建構的「與生俱來的」（born）[02] 系統世界。這裡的第一個分支分為「動物性」和「神經性」。納入此分支有兩個原因。

第一個原因是某些人會對植物唱歌，認為這麼做能讓植物長得更好。這可能與「音波中的震動」有關，也可能是一種以同理心與大自然連結的形式。筆者為撰寫本書做研究時，發現這個領域尚未被深度探索。然而研究清楚顯示，人們在理解更廣泛的生物圈系統方面還有很多工作要做，無論是關於植物如何運用類奈米技術做為基礎，透過操縱光將信息傳遞到更廣泛的系統中，還是在地球系統科學（Earth Systems Science）這個格局更廣的領域上皆然。至於第二個原因，比較沒那麼「異想天開」的說法是詹姆士・洛夫洛克（James Lovelock）的蓋亞假說（Gaia hypothesis）。這個假說提出「地球上的生物有機體會與其周遭的無機體互動，形成一個具有協同效應與自我調節功能的複雜系統，藉此維持並延續地球生命的存活條件。」這裡的關鍵詞是「複雜系統」。我們沒有理由不將大自然複雜系統中各式元素 [03] 的互動稱作同理心。在審視同理心的整體範疇時 —— 尤其是在思考我們能從資料中體驗到哪些觀點時 —— 以跨學科的方式敞開心胸探索新領域是很重要的。透過資料來體驗所有系統是有可能的，這包括小自奈米規模的植物資訊系統，大至整個生物圈、乃至於地球與宇宙的系統。

02　讀者是否可能偏好使用「自然」（natural）一詞？筆者沒有使用這個字的原因是它有很多層無關的額外含意。

03　Christian Muller-Schloer and Sven Tomforde, *Organic Computing: Technical Systems for Survival in the Real World* (2017, Birkhauser).

當我們回頭檢視稍早討論的觀點——即關於宇宙、生物圈與深刻貼近自然的人們的觀點——我們會發現「運用同理心來探索廣泛互動情境」的機會。這些例子可能感覺很遙遠，不過我們可以想想那些與自然共生的人們，這種思考可能最直觀。想像那些生命。這是感受自然的很好的起點。找一部能帶你體會與我們共享這個星球的美麗生物的生活的紀錄片，然後再撥點時間想想洛夫洛克在蓋亞假說中提出的觀點吧。

神經性同理心

神經性同理心這個分支涵蓋大腦的生物性系統。同理心的研究大多聚焦在這個領域。我們稍後會回頭以生物性與心理性的角度檢視「人類」同理心，不過現在先來看看動物同理心。列出貓與狗僅是要代表「寵物」，而不是要深入討論群居動物（狗）與獨居掠食者（貓）的差別。菲爾是狗主人，也是「狗派」。純粹就他的個人經驗來說，他與他的狗之間存在著同理心，且狗和全體家人之間也存在著同理心。透過肢體語言和「聲調」，菲爾的家人和狗雙方都能以超越基本溝通的方式，體會對方的需求和感受。在人工同理心越來越受到關注的同時，投資更多關於人類與寵物關係的研究，會是明智之舉。在關於動物間互動的研究中，針對猿類所做的研究也顯示正面結果，即同一物種的個體動物之間也存在同理心。[04] 弗蘭

04　E. Palagi et al., 'Yawn Contagion in Humans and Bonobos: Emotional Affinity Matters More Than Species', *PeerJ*, 2:e519, 2014。譯者按：此研究透過比較人類

斯・德瓦爾（Frans B.M. de Waal）在名為〈論動物同理心之可能性〉（On the Possibility of Animal Empathy）的文章中，為動物同理心做了整體來說很好的評論。[05]

人類

我們現在抵達了樹狀圖中人類的部分。在這裡，最簡單的切入方式是回頭看看上述伊麗莎白・普拉吉（E. Palagi）等人關於呵欠傳染的研究文章。呵欠被用來研究同理心的原因是，呵欠這個代表需要睡眠且具傳染性的跡象，在不同物種間都能觀察到。

德瓦爾在他的文章〈將利他主義回歸利他主義：同理心的演化〉（Putting the Altruism Back into Altruism: The Evolution of Empathy）中，指出感知與共享他人的情緒是一種基因中的古老能力。[06]這種情緒同理心（emotional empathy）[07]是從情緒傳染發展而來的──情緒在團體中傳染開來，為團體帶來好處。文章接著指出，認知同理心需要「自我與他人的區分」，這種區分能帶來觀點取替（perspective taking）和「心理狀態歸因」（mental state attribution）。具備這種「能看見自己與他人的觀點不同」的能力後，我們才有辦法推論他人的情緒狀態。雖然許多動物都存在於這個同理心光譜裡頭，人類是

與倭黑猩猩的「呵欠傳染」現象，對兩者進行同理心研究。

05　Antony S. R. Manstead, Nico Frijda and Agneta Fischer (eds.), *Feelings and Emotions: The Amsterdam Symposium* (2004, Cambridge).

06　Frans B. M. de Waal, 'Putting the Altruism Back into Altruism: The Evolution of Empathy', *Annual Review of Psychology*, 59, 2008.

07　該文章中以另一個詞「情感性同理心（affective empathy）」指稱。

兩種形式的同理心都具備，也因此人類在動物界擁有最複雜的同理心形式。

讀者會發現圖中包含「社會性」同理心，也有德瓦爾所列出的「情緒性」（情感性）與「認知性」同理心。我們先來看看社會性同理心，再回頭說明情緒性與認知性同理心。[08]

閱讀愛德華・威爾森（E.O. Wilson）的著作《知識大融通》（Consilience）會讓人對於社會性同理心產生一個清楚的概念。[09]這個概念是：合作行為是「內建」於人類 DNA 表觀遺傳學（epigenetic）規則內的行為。這條研究思路引出了賽局理論以及關於人類社會中的合作的研究。在總結及融合威爾森與德瓦爾的著作後，筆者想表達的是，人類作為一個物種，其 DNA 中內建了不同形式的同理心；我們的情緒性大腦與明確的認知能力使我們在演化過程中成為適者。

如各位所見，圖表中的社會性同理心分出了「組織性」同理心。組織性同理心是指組織對內及對外（其所屬的社會）所展現的同理心。任何組織（如企業）都只是一種社會結構，因此也能像其他社會團體一樣展現同理心。這裡呼應了明特・戴爾著作中關於「同理心是在商界取得成功的一途」的討論。

08　本書選用「情緒」一詞是因為它與我們所體驗的世界，以及保羅・布倫（Paul Bloom）的著作《失控的同理心：道德判斷的偏誤與理性思考的價值》（*Against Empathy*）有更清楚的連結。

09　E. O. Wilson, Consilience: *The Unity of Knowledge* (1998, Knopf).

情緒性與認知性同理心

情緒性（或稱情感性）同理心最常被形容為「切身體會他人的感受與需求」的同理心。簡言之，就是「當你感到悲傷，我也感到悲傷」。在稍後段落中我們會提到，某些人將過多的情緒性同理心視為負面現象。情緒性同理心可以從心理學的角度，也可以從生理學的角度進行討論。

從生理學的角度來看會發現有關動物與人類大腦鏡像神經元（mirror neurons）的研究。當動物或人類做出動作或看見他者做出動作時，會引起其大腦鏡像神經元的激發。學者認為人類和動物都會透過模仿來了解同類的動作以及學習方式，鏡像神經元除了在這個過程中扮演了重要的角色，它也與同理心有關。這種情緒性同理心可以與幸災樂禍之類的「反應」連結起來看。於此，我們可以將關於擬人化（anthropomorphising）的想法連結起來，將機器行為視為等同於人類行為。近來機器人科技持續取得進展，這類反應也成為機器人使用者體驗的一環，並且能開啟關於將機器人助理融入社會的研究。在心理學與生理學的邊界上，我們可以找到關於神經性類群障礙（neurological spectrum disorders）（如自閉症和特定心理症狀）的研究與討論。情緒性同理心的心理元素正是保羅·布倫的討論重點（本章注解8中有提到他的著作）。

這把我們帶到了認知性同理心的主題上。「理解他人的感受和需求」這句話貴切地描述了這種同理心形式。「切身體會」與「理

解」兩者有細微但重要的不同之處。本書著重探討的是一種聚焦化的認知性同理心形式，即：對資料所展現的技術性同理心（簡稱為資料同理心）。

理解他人需求與感受的能力在商業的各個層面中都是關鍵技能。圖中的技術性同理心分支指的就是這種特別應用於科技的技能。資料同理心是應用於資料的技術世界，以及用來看待資料在世界中的位置的一種認知性同理心。

可習得的核心資料能力

認知性同理心的一個實用對照來自亞里斯多德對於倫理的觀點：美德。亞里斯多德說過，要成為有美德的人，需要教育與練習。美德就像身高和毛髮的增長一樣，不會一夕間發生。教育能夠帶出「蟄伏的潛力」。

這種「蟄伏的潛力」是個有趣的特徵。人們往往會輕易把這種潛力連結到「才華」或自然產生的生物性同理心上。然而，這種潛力是組成人類行為的潛在表觀遺傳學規則。愛德華·威爾森在其著作《知識大融通》中，對此現象提出了很具說服力的生物學討論，有興趣的讀者可作為額外閱讀。本書要傳達的核心訊息是，在涉及資料時，認知性同理心是一項可以透過學習和練習來精進的軟技能。

發展同理心的技能將有助於我們在資料工作上取得更大的效率和成功。

筆者在本書各處都會探討能將同理心應用於資料的不同情境，以及練習和發展這項技巧的方式。各位可以採取某些措施，讓自己在計畫的整個生命週期中都更有效率，從計畫的構想和開發，到早期原型設計，一直到全面營運和退役皆如此。

在科技領域中，同理心並不是新的思考主題了。每當科技有新發展，同理心就會被納入考量和討論（但往往是以不同名稱指稱）。面對資料時，我們應該正確地直接將它稱作：資料同理心。

就筆者的經驗，科技專家摒棄同理心的原因，通常若不是他們將同理心視為天生的能力，就是他們認為那是別人的問題。他們認為同理心是有就有，沒有就沒有的能力，如果沒有也不他們自己的問題，畢竟他們是跟機器而不是跟人打交道！

我們可以從同理心元素的樹狀圖看出，這是非常錯誤的觀念。即使是最沒有同理心的人，也可以習得同理心的技巧，並運用它帶來巨大的影響。同理心沒有什麼秘方 —— 我們是社會動物，所以有意識地管理社會性情況是我們與生俱來的工具之一。如果你曾玩過遊戲、與人辯論、試圖達成自身目的、請求他人幫忙、安慰被他人傷害的人、試圖向同事證明自己的方式最好，或是曾經歷各種其他社會性情境，那麼你肯定運用過這項理解來引導自身行動。我們透過選擇說什麼話、採取什麼行動來管理人際關係。認知性同理心是幫助我們理解情況與引導我們行為的關鍵。我們可以透過練習來精進這項涉及意識的能力。即使你不曾認真思考過同理心，你仍然可以擁有並發展這項能力。

使用者體驗

　　若要把資料同理心放到脈絡中討論，那麼其他科技領域處理同理心議題的方式，就值得我們一看。

　　檢視人類與科技之間的交集時，我們會發現一個稱為人機互動（Human Computer Interaction，簡稱HCI）的領域。這個領域衍伸出了軟體工程所包含的兩個範疇：使用者體驗（User Experience，簡稱UX）和使用者介面（User Interface，簡稱UI）。

　　使用者介面是一門關注要創造「什麼」電腦介面以及「如何」創造該介面的學問，無論是滑鼠和鍵盤，或是點擊鈕或書寫欄位的機制，都涉及這門學問。

　　使用者體驗則是一門關注「為何」要為電腦創造介面以及「如何」創造該介面的學問。各位會發現使用者體驗／介面都有「如何」的元素。這兩者的差異，以及使用者體驗的重要性，在真實世界中得到了很好的展示。

　　每個涉及到人的系統都會有使用者介面和使用者體驗設計。資料系統也有這些設計。更重要的是，資料本身也有使用者體驗設計。這種使用者體驗設計往往是隱藏在其所屬的更廣大系統中的使用者介面／體驗設計中，或是隱藏在用來存取該資料的軟體中。

　　傳統上，在軟體系統中，總體應用程式是唯一的資料介面；因此，該應用程式的使用者體驗等同於資料的使用者體驗。使用者是透過旨在處理資料的應用程式來體驗資料的。高級用戶（Power

圖9：使用者介面與使用者體驗；精心建造的路徑不總是最快的路線。

User）或資料庫管理者（Database Administrator，簡稱DBA）或許可以透過編碼（通常是結構化查詢語言）來體驗上述資料。然而，該資料的結構化方式旨在支持應用程式，全然以資料的角度來看，並不是一般的查詢。

大數據作為一個產業的崛起（約莫是二〇一〇年起），使資料得以從應用程式與結構化查詢語言的討論中掙脫出來，這讓我們能夠思考如何處理它。關於大數據的文獻有很多，但真正重要的是，我們現在能看清處資料真實的樣貌，不受到任何單一應用程式的束縛。

使用者體驗常常被視為純粹是面向外部、終端使用者導向的同理心形式（這是假設用戶有受到重視的情況）。然而，技術性同理心（尤其是在涉及資料時）是以整體性態度看待科技團體內部與科技團體之間之互動的同理心形式。

同理心與成功

剝去一層層的歷史與應用，只看赤裸的資料本身，就會發現一團複雜的混亂。正是這團混亂激發了我們捲起袖管幹活。

在每個計畫、每個工作和組織中，都可以發現各種不良行為，這些行為通常是無意的，需要經過仔細的分析和改善。投入這項工作時，我們將會發現資料資產的真正價值。

善用新的資料同理心技能來關心資料使用者，讓他們從需求和

感受不受重視的經驗中得到解放。這麼做會不但能令同事開心，還能讓你取得成功並更受重視。

關心他人的需求和感受會讓你更受歡迎，這個道理很直觀，畢竟那是正向人際互動不可或缺的一環；但是，同理心要怎麼讓你更成功呢？

首先，我們必須為這裡的成功下定義。對我們來說，成功意味著交付一項工作成果，而且成果不但受到對方接受，也符合其設定的條件，藉由達到明顯的預期改善，與／或一套清晰且能重新定義行為範疇的新理解，來提供價值。且這項成果會帶來後續的工作，而不會阻擋未來的機會。

讓我們進一步分解：

1.「交付一項工作成果」：這裡的假設是你持續在尋求某種形式的結果。你所投入的努力不完全是為了追求個人滿足。

2.「成果不但受到對方接受，也符合其設定的條件」：這意味著與該工作成果相關的一群人能夠理解該成果，而且該成果也因為符合他們平時所接受的實用成果標準而獲得認可。

3.「達到明顯的預期改善……來提供價值」：這意味著該工作成果帶來了與一開始相比更好的狀態，如更好的利潤、顧客留住率、捐款情況或品牌形象。

4.「一套清晰且能重新定義行為範疇的新理解」：這句話
  其實只是從錯誤中學習的華麗版本。我們可以從任何
  工作中學習，即便目標價值沒有出現也一樣。朝著某
  個目標進行資料工作的過程，也等於是學習與發展理
  解的過程。若你的目標對象能夠接受你的工作成果並
  從中成長，那代表你取得成功了。

5.「而不會阻擋未來的機會」：能為當下帶來價值、但
  會阻礙未來機會的工作，屬於短期性的聚焦，其長遠
  價值低得多。確保當下的工作能為未來的工作打好基
  礎，就是成功。

第二，同理心如何有助於取得成功？

　　同理心意味著，你能以目標對象以及任何會受你工作影響的團
體的需求和感受作為出發，思考上述1到5點。

　　從直接目標對象的角度來看，任何能夠回應其需求和感受的呈
現方式，都能更容易被理解。把其他受影響的團體納入考量，將能
夠使你的目標對象看見工作的其他面向。這有助於你把工作放入更
大的脈絡來看，更充分的脈絡能使事情越容易理解。

　　當你要求目標對象接受你的條件，而不是他們自己的條件時，
你必須說服他們你的觀點、需求與感受比他們的更優先。這等同於
要求對方放棄自身主張，勢必得花一番功夫才能平撫情緒。這是在
明確告訴對方你不打算做哪些工作。

不帶同理心的成果可能不會受到交付對象的青睞。對此,成果提供者也會感到納悶,因為畢竟那是他們投注時間、精神和努力所生產的成果。這可能會導致挫敗感,進而使交付對象與成果提供者之間產生更大的分歧。

一位駐倫敦的首席技術長馬丁·弗堡(Martijn Verburg)很慷慨地與我們分享了他發掘同理心的價值的經過:

在我職涯初期,我從一位我很景仰的導師那裡,收到了一個很震驚的回饋。她表示(她當時掛著微笑來緩解衝擊):「你把荷蘭那種不顧情面的直率提高到另一個層次了。」

她接著向我解釋說我們的客戶群(他們顯然不屬於數位世代)需要同理心。畢竟他們被逼著進入一個他們不理解的世界,他們很不喜歡那些完全不懂商業運作的年輕人,只因為自己「了解某些新工具」,就以優越的口氣對他們說話。

後來那年我兼職研究心理學後,才明白那位導師的建言,發現自己所造成的傷害!現在,在我不還不明白對方的處境之前,或甚至只是對方當天過得很不順心時,我不會貿然做或說任何事。這使我作為科技專家和社群牧貓人[10]的職業生涯變得愉快多了。

10　譯註:牧貓人(cat herder)意指管理許多高度獨立個體的人。

除了平時工作外，馬丁也幫忙指導自閉症類群者學習能應用在工作上的同理心技能。

科學家與哲學家

二〇一二年，《哈佛商業評論》（*Harvard Business Review*）將「資料科學家」評為二十一世紀最性感的工作。即使是現在，在撰寫本書當下，它仍被視為有潛力成為當代最性感的工作。

關於這是什麼樣的工作、什麼類型的人能勝任、企業如何運用資料科學將價值最大化，仍然存在著許多討論。有數以百計的博士級別的科學家離開學術界去追尋這份性感工作（高地位、高酬勞，且仍屬於科學工作）。他們在發掘自己是否適合商界的過程中同時體驗成功與失敗的滋味。不論在學界或在商界，他們都會需要發展同理心和軟技能。

二〇一三年，希拉蕊‧梅森（Hilary Mason）——她是很卓越的資料科學家，很可能是在業界最早打開知名度的其中一位——在接受網路媒體馬沙布爾（Mashable）訪問時表示，業界也需要資料工程師和資料藝術家。產業專家延伸這個想法，人為產業也需要資料哲學家。產業專家更將這個想法進一步擴展到對資料哲學家的需求。這是很重要的里程碑，因為所有科學都應該接受質疑，然後受到某項哲學的擁護，在詳細的脈絡下獲得認可。這也是歷史上一直以來的慣例。

有不少人將本書作者菲爾稱作「資料哲學家」，儘管他把這視為一種恭維，不過一直把自己視為資料工程師的他也有過一番糾結。作為程式設計師，他專門進行資料的擘劃、發掘、捕捉、匯入、儲存與處理。他有幸能與許多資料科學家（本書作者諾莉雅是其中之一）共事，為他們的工作提供技術與個人的支持。他絕對不是資料科學家。因此，經過思考後，他認為自己很熱愛專注於資料的種種「為什麼」，也就欣然接受資料哲學家的稱謂了。

資料哲學家負責探討的問題包含但不限於：

1. 為什麼資料很重要？
2. 資料對人類正在產生什麼影響？
3. 資料的下一步怎麼走？
4. 作為一項新資源，資料具有什麼道德含意？
5. 透過人工智慧被使用的資料將如何影響人類？

確實，這意味著我們的工作範疇與未來主義者非常接近了。在這個工作中，同理心會影響資料和人工智慧與人類互動的方式，因此扮演了很大的角色。對此，筆者在後續章節中會說明典範同理心與衝突的概念。這麼做是要企圖（以哲學的方式）將同理心的非生理面向正式視為軟技能。接下來，筆者會介紹各位在旅途上需要辨認和處理的注意事項。

多樣性與同理心

特權

在關於同理心的書中，作者如果沒有先進行自我審視，就開始討論特權的主題，並不是很恰當。在撰寫本段落之前，筆者一起進行了「特權賓果卡」（privilege bingo）的活動，接著討論雙方的得分有何含意。如果各位想知道特權賓果卡是什麼，網路上很容易能找到。[11]

筆者的特權分數都很高，菲爾高過諾莉亞（特別是因為菲爾是高大的歐洲白人男性）。

各位可以透過以下問題測試自己看看：

1. 你的下一餐有著落嗎？

2. 你是白種人嗎？

3. 你是男性嗎？

4. 你高嗎？

5. 你被人視為具有霸權性的吸引力嗎？

6. 你居住的國家是你的出生地嗎？

7. 你是英文母語者嗎？

8. 你有標準口音嗎？

11　譯註：特權賓果和普通賓果相似，不過特權賓果卡上的內容是不同的特權特徵（如白人、男性、順性別、標準口音等等），參與者要圈選符合自己的描述並連線。

9. 你是在充滿支持的家庭中長大的嗎？

10. 你是在雙親家庭中長大的嗎？

11. 你的生理性別和性別認同一致嗎？

12. 你和居住地的其他人相比富有嗎？

13. 你和其他國家的人相比富有嗎？

14. 你是否受過正式教育？

15. 你是透過自身能力還是社會關係獲得教育的呢？

16. 你學過怎麼寫軟體嗎？

17. 你是否身心健全呢？

18. 你曾免費參觀國家級的歷史博物館嗎？

19. 你出生在通過強加戰爭、侵略和掠奪他國而富裕的國家嗎？

20. 你曾想過某人受到僱用，是為了填滿保障名額，或是要遵循多元共融規定，而不是因為他們的能力嗎？

21. 你知道自己為什麼值得過現在的生活嗎？

22. 你的國家是二氧化碳的最大排放國之一嗎？

23. 你曾因為自己的身分、想法、外貌，或出生地而遭受迫害或霸凌嗎？

　　這絕不是一個完整的問題清單，但各位以前可能沒有從「自己擁有多大特權」的角度思考這些問題。筆者在這裡盡可能使用明確的語言，從明顯的特權談到到較為隱性的特權。

然而，在許多情況中，特權族群會想辦法用言語來隱藏其特權。舉例而言，你平時會聽到別人說「第一世界」和「第三世界」，還是委婉地以「南營」稱呼呢？你曾聽別人說要把工作外包給溫暖國家嗎？

隨著同理心理解的增長，你會開始發現你生活與工作於其中的系統的更多面向。當你以新的方式理解自身特權，並發現其他看似與你平等的人可能需要付出更多努力時，這可能會令你震驚。

外顯特權與隱性特權

我們來舉一個科技界開始正視情緒智商的明顯例子（其實本書即為一例）。雖然正視情緒智商是好事，但它也暴露了令人感到無力的隱性特權。

「所以，我對倫理長（Chief Ethics Officers）的看法是：不要僱用倫理長。不要把僱用女性充當你誠實經營的門面，當你意識到你的道德倫理並不是為了迎合法規，而是你的企業DNA的一部分，需要清楚展示，並且建構到營運過程中。」[12]

稍微搜尋一下企業網站，就會發現沒人將這段話聽進去。職稱中有「多元共融」字眼的大多是女性，更確切來說是三十三歲以下、擔任該職位不滿兩年的女性。

在一層層正向的動機之下，隱藏著職場中潛在以男性為尊的特

12　出自推特：Coldicutt, Rachel (@rachelcoldicutt). 22 October 2018, 4:34 pm。

權。即便表面上有保障配額的平衡機制，整體系統仍維護著核心特權團體的優勢。

這不僅將女性排除在具有影響力的決策職位之外，也等於是要求她們解決並非她們所造成的問題。為了清楚說明這點，筆者想找一個「男性特別被置於某個職位來解決女性造成的問題」的類比。但我們找不到這種例子。

再舉一例。許多人會覺得自己跟居住地的其他人相比不富有，但那並不代表他們跟其他國家的人相比不富有。你真的知道你口袋裡的錢能在其他國家買多少東西嗎？你調查過世界上令人難以置信的貧富差距嗎？你曾把自己放入這種脈絡中思考嗎？

在科技界（尤其是資料界），已開發國家的企業都能取得雲端運算服務。雲端運算以低廉的在地商品價格提供前所未有的資料儲存能力。競爭使價格下降，人們一天花幾塊錢就能擁有這種運算能力。這種花費在世界其他地方的脈絡下該怎麼看？幾塊錢能支撐一個人的生活到什麼程度？

同理心與特權

理解你的自身特權和工作特權是一種同理心練習。特權賓果遊戲看似陳腐，但它在了解他人方面很有價值。這些人可能是與你共事的人，他們可能會使用你的工作成果。花時間了解自己在何種特權之下工作，將能為你帶來新理解，並為你的決策過程提供新脈絡。

多樣性

我們說的多樣性是指什麼？指的是你在任何情況中所接觸到的「差異性」有多大範圍──可能是年齡、性別、種族、背景、家庭情況、經驗、文化、意識形態或哲學。理想而言，差異性是這些面向的廣泛組合。

走出人類世界，看看圍繞我們周遭的自然世界。數以兆計的生物體受到太陽能量的滋養，在這個星球上相互依存。食物網（food web）中的生命循環本質正是建構在多樣性上。這些生物體與其周遭的系統交換能量。一個無法交換能量的系統就不再是生命，處於死亡狀態。只包含一種生物體的生態系統會瓦解並死亡。生態多樣性讓生命茁壯成長。一個健全的生態能夠消化干擾，而這種穩健性只能通過變種來達成，而變種就是多樣性。

一個在生物方面封閉的系統會死亡。

包括人類在內，動物界的近親繁殖會限制基因庫，導致後代難以生存。在緊密的家族單位中，基因相近的雙親生產的後代會出現遺傳疾病，或是免疫系統低弱。人類社會深知這點，所以與手足發生性行為或是結婚都是大忌。

縱觀歷史，每當人類社會試圖「封閉自身族群」，不去接納大自然的豐富多樣性時，就會出現問題。這包括皇室因為近親通婚而造成的血統衰弱（順帶一提，皇室跨國聯姻就是要抵抗這個問題的明顯企圖）；或是通過對弱勢族群施加暴力將問題外部化，正如同

歷史上大英帝國[13]（以及其他強權）在世界各地施加虐行那般。這些作惡的社會通過戰爭、壓迫和控制將缺乏多樣性的問題外部化。這意味著當人們在系統中發現問題時（即使是問題沒有被言明的情況），人們為了解決這個問題，會將負面的部分推向系統外的環境。我們先前在關於地球同理心的章節中詳細討論過這點。我們排放如此大量的廢棄物已經嚴重到讓自己瀕臨災難了。將廢棄物大量排入大自然的可不僅僅是工廠而已！我們又把責任歸屬外部化了。那些工廠是人類建造的，我們都必須負責任。

這聽起來可能很不堪，不過我們在科技界也目睹到相同行逕：人們建立系統來重複僱用自己、封閉自己，並讓現況繼續。

根據筆者的經驗，多樣性會孕育同理心，而相同性則會壓垮它。相同性以其假設與下意識偏見壓垮同理心。同理心能促進人們接受多樣性。當多樣性和同理心攜手並進時，兩者間會形成強大的相互依存力量，為人們帶來更豐足與成功的人生。

當你的經驗越廣泛和多樣化時，你就越能更熟練地思考他人的經驗，進而考量他人的需求與感受。你會放掉相同性所助長的假設和理解，開始了解到你的觀點只是眾多觀點之一。你的經驗固然珍貴，但它是更大的謎題的一部分。你會學習以更清楚的方式溝通，並更注重你傳達的訊息會對他人產生什麼影響。

瑞貝卡・李（Rebecca K. Lee）在她的文章〈貫徹格魯特案的判

13　Peter Frankopan, *The Silk Roads: A New History of the World* (2016, Bloomsbury).

決理由：領導者的多樣性與同理心〉中詳細探討了同理心與多樣性之間的關係。[14]

這篇文章以美國法院審理的格魯特訴布林格案（Grutter v. Bollinger）為例，旨在探討多樣性與領導之間的關係。該案援引了加州大學董事會訴巴基案（Regents of the University of California v. Bakke）的判例。巴基是醫學院學生候選人。此案涉及加州大學的學生背景多樣性政策，該學生認為這項明確的政策使他的入學申請未果，因此對學校提出告訴。法院判加州大學勝訴，因為法官認為：一）法學院旨在訓練學生成為領導者，而不僅是成為律師；二）多元環境會訓練出比較好的領導者，因為他們更能夠了解多元族群的觀點。這也呼應了大法官劉易斯　鮑威爾（Lewis F. Powell Jr.）對於巴基一案的看法，即：「國家的未來仰賴於在求學過程中廣泛接觸同儕的多元想法與習俗的領導者；其同儕的組成必須和這個多民族國家一樣多樣化。」如此領導者處理世界真實的事務時將更有效率，而不是採取偏頗、封閉或特權的觀點。格魯特訴布林格一案的判決即承認了「多樣性與領導之間的相互依存關係」。

筆者在自身工作和研究中也明確見證了多樣性和同理心之間的相互依存關係。拒絕多樣性、企圖維持同一性，等於是拒絕同理心；而拒絕同理心，就是拒絕多樣性、要求遵從性。

當你接受了別人與你有不同的需求和感受時，就等於接受了在

14　Rebecca K. Lee, 'Implementing Grutter' s Diversity Rationale: Diversity and Empathy in Leadership', *Duke Journal of Gender Law & Policy*, 19, 2011.

你自身之外有一個需要你關注的多元世界。

多樣性必須與共融性相結合，否則這種多樣性只是虛有其表。多元族群必須覺得自己受到接納，並產生歸屬感。這種環境尊重多樣性和同理心之間真實的依存關係，並且創造出真正賦權於人的環境。

資料是我們可以用來探索世界的新感官；而同理心能幫助我們充分運用這項感官。

行動

要筆者說出「這本書可以作為各位的行動清單」這種話很容易；然而，涉及多元共融的議題時，我們會希望各位特別去思考自己能付出什麼。

首先，你需要理解自身的特權。筆者已經列出了一系列各位可以問自己的問題，但這個過程仍需仰賴各位的自省能力（自省的力量非常強大）。

再者，你應該要了解自己沒看見的世界面向，如性別流動、女性主義等的議題，或是去了解與你共事的人的文化和背景。這麼做也會讓你清楚意識到自己有必要了解世界歷史。

第三，你必須了解你所處的工作系統是如何與更廣大的世界互動的（筆者會在其他段落更詳細說明這點）。我們可能會在無意間對世上的其他領域造成顯著的壓迫或破壞。

我們必須花時間去真正理解這些事。

在下一章中，筆者將介紹一系列工具。這些工具不但有助於同理心的練習，也能提供結構化的方法來檢視人們與資料的全貌。

PERSPECTIVES IN DEPTH

深入觀點

從觀點到典範

到目前為止，筆者在說明許多事物時，都使用了「觀點」一詞，從人們在宇宙中的位置，一路談到地球上的生命，以及居住在大自然中、家園受到破壞的居民。我們還討論了資料經濟中的不同行動者 —— 生產者與消費者的觀點。筆者透過他人的研究探討不同種類的同理心時，開始有了分享這些觀點的念頭，也明白人類作為一個物種，天生就能體會他者的感受，體會對象可以是其他人類、地球上的其他物種，以及生態圈和生命本身的觀點。

在生物學家、神經科學家和心理學家持續探索人類系統在身體與情緒方面的運作方式，而商業理論家在找尋人類情緒與組織間的關聯的同時，筆者希望聚焦於：認知性同理心對科技工作者（尤其是資料工作者）來說，如何是一項實用的意識工具。

在那之前，筆者希望先介紹一個概念，即：人類的觀點中會存在一個或多個典範（paradigm）。這些典範由一系列清晰的部分所組成的，可用於評估和理解人類在技術情境下的決策。

典範

典範是指在特定時間點支撐某個理論或實踐的模型。一個典範的規模可以大到支撐起某個世界觀。湯瑪斯·孔恩（Thomas Kuhn）在其著作《科學革命的結構》（*The Structure of Scientific Revolutions*）

中，將這個概念廣泛應用到科學的歷史上。[01]埃貢‧古貝（ Egon Guba）在著作《典範對話》（*The Paradigm Dialog*）中，更精進了這個概念；古貝指出，人們在探究典範時，必須提出關於「本體論、知識論、方法論」的問題。[02]筆者更進一步定義和改良這個概念，使它也適用於資料工作的同理心議題上。針對典範的組成元素，筆者提出以下適用於資料產業的定義。

典範同理心

典範同理心這個模型將人們的觀點拆分為五類。這些類別有助於將人們觀點中的元素歸類，並明確指出衝突所在。筆者將從三個基本類別說起：本體論、知識論、方法論，接著再介紹另外兩個進階類別：美學與道德體系。資料同理心是發揮同理心來了解資料工作中的典範的過程。附錄一「同理心崩潰」段落中的所有例子，都可以追溯至典範之間的衝突；若要解決這些衝突，最好的方法是好好協調這些典範。

基本典範

在探討典範同理心模型的三種基本類型時，了解相關詞彙的使用方式是很重要的。

01　Thomas Kuhn, *The Structure of Scientific Revolutions* (1962, University of Chicago Press).

02　Egon G. Guba (ed.), *The Paradigm Dialog* (1990, Sage).

本體論

本體論是由典範中的一系列可知實體，以及這些實體的名稱與連結所組成的。比較古典的說法就是「現實的本質」。在商業的脈絡下，本體論是由一系列詞彙、簡寫、首字母縮寫、句子結構以及表達方式所組成的，這些元素定義了群體意義（tribe of meaning）。[03]

簡而言之，本體論關注的是：存在的實體以及它們之間的連結方式。

知識論

知識論是由一系列知識、信念，以及產生新知識和信念的方式（即人們習得它們的方式）所組成。從同理心的角度來看，將知識和信念兩者都納入考量是關鍵。知識論還涉及可靠來源、習得的方式、以及向團體證明知識或信念的必要性。企業可能會以正式且明確，也可能會以較口語化、貼近日常營運的方式來定義這些知識或信念。我們接觸的任何群體中，都會有一些被視為智者的人物，而其他人會被拿來跟這些智者做比較。

簡而言之，知識論關注的是：知道了什麼事，以及這些事如何被知道。

03　任何一群人所組成的團體都會以他們的溝通方式作為中心，形成一個頗為外顯的集團。在一個以各種詞彙、溝通形式和行為準則定義自己的商業組織中，這個現象十分常見。

方法論

方法論指涉的是事物如何運作。任何群體都會有偏好的執行任務方式。雖然方法論涵蓋學習方式（這與知識論重疊），但它主要聚焦於團體執行任務的方式，例如：專案如何運作、如何對待客戶與夥伴、如何編排預算、如何溝通、如何處理資料、如何達成協議，以及其他組成集團運作的程序。

簡而言之，方法論指涉的是執行任務的方式。

運用典範同理心

論及資料同理心時，我們的目標是要理解他人的需求和感受，而個體的主要典範是這些需求與感受的基礎。展現技術性同理心意味著透過回溯他人內心的根源典範來明白其需求與感受。

這不一定會是冗長乏味的過程，我們可以透過學習與練習進而變成一種習慣。透過練習，就有可能在對話中建立典範同理心。以下將介紹練習典範同理心的三個步驟。

步驟一：辨識典範

從事資料工作時，你不僅僅是處於擁有自己典範的資料產業中，更多時候，你同時是處於其他產業或企業組織的某個部門中。有鑑於此，你會在數個重疊的典範下工作。典範同理心第一部分的重點是：辨識情境中有哪些典範。

個體（包括你自己）的主要典範，就是他們的原生典範。個體對於這個典範會具有絕對的深度理解。動搖這個原生典範可能帶來極大的衝突。這與認知失調理論有相似之處。[04]在該理論中，人類追求內在的心理一致性。涉及典範同理心時，這種一致性意味著人們會希望他們的經驗符合自己的原生典範；人類傾向於減少認知失調，這進而代表減少典範之間的衝突。

個體也會持有運作典範。運作典範是人們擔任特定角色時用來覆蓋或擴展原生典範 —— 試想你必須有意識地改變你使用的措辭和程序的那種情境；那是一種典範改變。舉個最簡單的例子，你在「家裡」和「辦公室」採取的不同模式往往就屬於這種典範改變。

辨識典範是一項涉及聆聽、提問、練習與失敗的活動。雖然以下步驟有可能按照順序執行，但由於人類大腦非常擅於發現社交情況中的模式，辨識典範的技巧重點往往在於放下先入為主的觀念，讓自己有機會看見他人的心理模式。如果你深諳資訊技術，這個過程對你來說就會類似於學習新的程式語言；你必須透過練習、閱讀、從失敗中學習來獲取理解，進而得以偵測和運用該語言的模式。

1. 探勘本體論。聆聽對方使用的話語。聆聽概念連結的方式。請記住，你會身處這個情況中是有原因的，並不是偶然。你需要聆聽這個真實情況的本質，並提出

04　Leon Festinger, *A Theory of Cognitive Dissonance* (1957, Row, Peterson).

關於「話語和概念有什麼意義，以及它們如何連結」的問題。這項活動可以在對話中進行，也可以在閱讀或瀏覽目標典範中產生的素材時進行。你也必須試著使用自己的話語，並注意他人的反應。只要你安於處在學習的位置，就不太會造成衝突，因為這個典範裡的人通常會很樂意糾正你。當你對他人的本體論有很好的理解時，你會發現當你在對真實情況的本質進行溝通時，你會能夠理解他人，而他人也會能夠理解你。

2. 發掘知識和信念。提醒一句：太明確地表達「什麼是知識，什麼是信念」可能觸發敏感神經。許多企業完全是建構在偽裝成知識的信念之上。由於資料使人們定義知識和接觸知識的方式出現了巨大轉變，當你將新事實帶入資料工作，證明以前所謂的知識其實只是信念（而且可能是錯誤信念）時，你必須敏感地看待這個改變可能造成的影響。想想哥白尼的遭遇[05] ──他的新認知方式被視為罪行。你必須提出這些問題：這項知識是如何取得的？你以這項知識為基礎做了什麼決定？這是你所處產業中的普遍知識嗎？當你能夠辨明知識與信念的差異，並且知道如何獲取新知識或信念時，那就代表你對知識論有很好的理解了。野中

05　這裡無意表示哥白尼不該分享自己的發現，而是要點出這個故事有明顯知識／信念衝突。

郁次郎的著作在商界受到高度尊崇，它們提供了很有價值的架構，能作為理解知識如何在組織中移動的參考資料。他的著作《創新求勝—智價企業論》（*The Knowledge Creating Company*）是很好的入門。[06]

3. 探索方法論體系。了解企業內部做事的方法對於資料工作極為重要，因為資料的唯一價值在於帶來行動和改變。資料的重點在於行動，不是在於資料本身。由於資料是透過捕捉某個活動造成的結果（無論是酵素的衰變、網頁點擊、線上購物，或是機械手臂運動等等）所產生的，了解「什麼事被執行、透過什麼方式執行」是關鍵。要做到這點，就必須注意聆聽語境下的動詞。對於「詢問」和「查詢」這兩個動詞之間的差異進行理解，就是一個指標性的例子。「我必須詢問財務部門」與「我將查詢財務系統」代表著非常不同的方法。了解方法論體系後，你就可以開始尋找可以測量、但尚未被測量的事物，並明白資料所驅動的決定有助於影響什麼行動範疇。了解方法論體系是著手了解工具的好方法。

06　Ikujiro Nonaka and Hirotaka Takeuchi, *The Knowledge-Creating Company: How Japanese Companies Create the Dynamics of Innovation* (1995, Oxford University Press).

步驟二：辨認典範衝突

我們總是希望自己最初的影響能帶來典範的改變（即為他人的理論或實踐，帶來概念或方法上的轉變）並將快速地將他們拉進我們的首要典範中；然而，這在現實中不太可能馬上發生。典範是隨著時間演化的。專注於衝突的所在將有助於典範的演化。這個典範可能是你自己的首要典範，也可能是他人的典範。在所有工作層面中，發展新的共同典範，並協助該典範演化，都是建立關係的強大方式。這是資料同理心的根本核心。

當這三個元素的一個或多個元素不協調時，就會出現典範衝突。衝突不見得會以爭執或負面情況的形式出現；它可能只是意味著你用來理解世界的某部分核心價值受到挑戰。衝突往往會使你思考並幫助你學習。然而，當溝通和工作難以進行時，我們也會發現衝突。典範間的衝突應該被視為一件自然的事；它們有助於我們學習和成長。

在尋找衝突的所在時，可以使用文氏圖表（Venn diagram）檢視典範的三個部分：

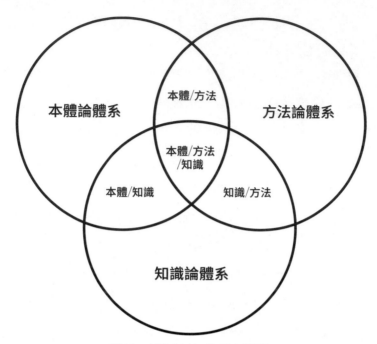

圖 10：本體／方法／知識文氏圖表

　　如果典範能和諧共存，就代表雙方對彼此都有放心的信賴感。這就是圖表中央的本體／方法／知識空間。在這裡，所有人對這三個元素都有共識，所以溝通和工作都能順利進展。這意味著你的同理心已經成為下意識的習慣，你很容易就能理解周遭的人有何需求與感受。

　　出現不平衡的時候，溝通或工作都會比預期的困難，感覺像是少了什麼，這代表典範相互衝突了。尋找不平衡的所在（也就是衝突的所在）是一種同理心的練習。

本體／方法

在此空間中，人們理解本體論體系和方法論體系，但是不理解知識論體系。這代表人們理解現實的本質，以及執行事物的方式，但並不理解其中涉及哪些知識，以及如何取得這些知識。

以烤蛋糕作為例子，這就像是人們知道食材和烘焙工具的名稱（本體），也了解烘焙本身的過程（方法），但是並不知道食材正確的比例為何，也不清楚如何尋找答案（知識）。

這些類型的衝突會出現在知識沒有被言明，而那些持有知識的人已經忘記自己為了學習那些知識花費了多少精力的情況。人們有個錯誤觀念，即：未言明的知識就是普及知識；這件事本身就代表人們對共同典範的認知有誤解。在資料的世界中，這種情形通常會在使用SQL或Python這類的程式語言時發生，或是與「要運用什麼演算法來處理某項問題」有關。在最嚴重的情況下，這種誤解會導致人們被指控傲慢和無知，或也可能造成嚴重的冒充者症候群（imposter syndrome）[07]。

附錄一將更詳細介紹同理心崩潰，這裡僅列出上述衝突的一些例子：

- **格式：電子表格。**人們已知電子表格包含銷售資料（本體），也知道銷售團隊每週對它進行更新（方

07　譯註：有冒充者症候群的人會懷疑自身能力、才華或成就不像他人想的那麼好。

法）。然而，使用者不知道哪個顏色是用來標明特需情況的，系統各處都找不到相關紀錄（知識）。

- **工具：程式語言與程式館。**人們已知點擊紀錄儲存在資料庫中（本體），必須經過查詢才會出現在資訊儀表板上（方法），但不知道資料庫使用什麼查詢語言，也不知道綱要文件儲存在哪裡（知識）。

- **資料品質：偏差。**資料在雙方典範都允許的方式下（方法），以產業熟知的工具處理（本體）。然而，結果所呈現的價值與已知事物牴觸（知識）。舉例而言，一項困難可能會以這種情況的形式出現：「我們不可能存放這麼多庫存，倉庫只夠存放這些數量的一半。」接收價值訊息的人擁有關於倉庫容量的知識，但這份知識沒有被運用在資料品質的程序中。

知識／方法

在此空間中，人們了解情況涉及的知識論體系和方法論體系，但是不明白所涉及的本體論體系。這代表人們不清楚現實的本質，也不理解話語或話語中的連結，但知道有哪些知識存在、這些知識從何習得，也知道哪些事情已經執行了。

再次以烤蛋糕為例。你不知道食材和烘焙工具的名稱是什麼（本體）。你可能得想像自己來到一個與你成長背景文化迥異的國家，體驗到那裡的「蛋糕」版本。你有混和與烘焙的方法可以遵照

（方法），也可以透過觀看食材的使用方法來了解正確的比例（知識）。你完全了解知道怎麼學做這個蛋糕，但你完全不知道任何東西的名稱！

在資料工作中，這時常發生在進入新領域的情況。你知道資料的內容與該領域相關，但並不清楚各式元素間彼此的關係。例如，你從沒有處理過行銷資料，卻碰到了諸如點擊率（Click Through Rate，簡稱CTR）與每次取得成本（Cost Per Acquisition，簡稱CPA）的欄位。

附錄一將更詳細介紹同理心崩潰，這裡僅列出上述衝突的一些例子：

- **標準**。人們知道組織應用了一套標準、知道這些標準可以被查詢（知識），也知道這些標準包含一個程序（方法）。但是你不了解特定的標準，也不了解它能應用在哪裡。這明顯是這個情況的衝突所在。舉例而言，ISO23053是什麼？它能應用在哪裡嗎？如果不知道，就去查詢吧。練習！
- **工具：社群與產業**。這與上一個項目非常相似。社群或產業可能會談論某個你不熟悉的特定工具，他們可能會說該工具是資料準備程序的一部分（方法），而且是產業中的標準（知識）。如果你不知道該工具是什麼，或是不清楚它與其他工具的關係，就會產生這個衝突。

- **資料品質：分類學**。這應該與上述的點擊率例子一樣
  直白。進入新領域時，你往往不會明白其中的事物，
  以及它們連結的方式。正確檢查資料在分類上的品質
  因此更加困難。

本體／知識

在這個空間中，人們了解本體論體系與知識論體系，但是不了解方法論體系。這意味著人們清楚明白現實的本質，哪些是已知事物以及如何習得這些事物也是清楚的，然而卻不清楚具體執行了什麼。很多時候，魔術表演就是仰賴這個空間來引發奇妙的感受。魔術師描繪了現實的本質，並解釋自己所持有的神祕知識，但是會透過謊言積極掩藏達成最後結果的方式。

就烤蛋糕的例子來看，人們了解食材的名稱（本體）與比例（知識），但不了解混合和烘烤方式（方法）。對我們來說，這就像是精緻的法式甜點，裡頭似乎藏著某些魔法 —— 透過高超的製作手法，麵粉、糖和其他食材完美結合。我們知道自己能學習製作方式（知識），但還沒有實踐。

就資料而言，這就像是我們不清楚某個企業的運行方式，但是知道它稱呼事物，以及學習的方式。

技術部門和銷售部門之間有一種時常發生的本體論衝突。各部門的運作方式可能很神祕，但它們處理的都是為人所知的產品，而且分享顧客資訊的方式也很普遍。

附錄一將更詳細介紹同理心崩潰，這裡僅列出上述衝突的一些
例子：

- **格式：PDF 檔**。這是方法體系衝突的明確例子。人
  們清楚知道帳目資料儲存在 PDF 檔中（本體），而且
  該資料顯示透過次要銷售管道的產品銷售總額（知
  識），但不清楚為什麼要儲存在 PDF 檔中（方法）。就
  如關於 PDF 的段落中說到的，是時候找出答案了！
- **工具：開放性**。當你進入新組織，該組織使用開放原
  始碼工具來收集和聚合資料（本體），而這份資料是
  用來了解開發者生產力的關鍵（知識），但是你不知
  道要如何從開方原始碼儲存庫建構這份資料時（方
  法），就是此類衝突的典型例子。此外，筆者也會在
  附錄一的「社群」段落中討論將某項工具用於新使用
  案例時所產生的方法體系衝突。
- **資料品質：易得性**。每一組資料的易得性都與企業的
  營運方式相連。你可能會知道資料集的內容，以及這
  些內容可以告訴企業什麼事，但不清楚為何某一資料
  集是以日為單位，而別組資料是以週為單位。當你在
  展開工作時，持有某種精細程度上的假設，但在後來
  發現那樣的假設並不正確，那就是這種衝突的好例子。

本體

如果相關者唯一的共通點是本體論體系，而方法論體系和知識論體系都發生衝突，那雙方就只有對現實的本質有共識。彼此有明確的語言，但卻不清楚有哪些事是已知、有哪些事已完成。這就類似於你會說某國語言，但卻完全不了解那國人文的情況。

以蛋糕的類比來說，就是你知道食材的名稱，但完全不知道食材比例或烘焙方式。

就資料而言，這代表雙方都會使用「資料表」或「文件」等詞彙，但並不知道該資料有什麼內容、資料從何而來，也不知道組織實際上在做什麼事。這話聽起來可能很奇怪，但許多資料科學家在職涯初期都會發現自己身處這種情況。這也時常發生在企業中的非技術人員身上。他們會拿商業案件求助於技術人員。他們了解自己的公司，也知道資料表中的項目之間有什麼關係（本體），但他們不知道如何處理資料（方法），或如何從資料中獲取知識（知識）。

附錄一將更詳細介紹同理心崩潰，這裡僅列出上述衝突的一些例子：

- **標準：純文本**。「喔！我們有關於使用者行為的資料，就在某個文字檔案裡」這句話暴露了這項衝突。從這個陳述來看，我們知道現實的本質（本體），但不知道我們能做什麼（方法）或能學到什麼（知識）。
- **工具：產業**。同樣地，在這種情況下，陳述句是最好

的例子：「我們將所有的股票檔位（stock tick）資料儲存在kdb+中」。[08] 你擁有檔位資料和儲存該資料的地方（本體），但你不知道這個股票檔位資料能教會企業什麼事（知識），或不知道怎麼使用kdb+。初進入金融產業的人會發現自己處於這種情況。

- **資料品質：倫理。**雖然筆者會在稍後的進階典範同理心章節中回頭討論道德，但這裡先說明一下；此情況中，人們說了一口好倫理（本體），卻沒有任何明顯的跡象顯示他們做了任何事（方法），或了解其企業倫理政策的意義（知識）。

方法

如果相關者唯一的共通處在於方法論體系，而本體論體系和知識論體系都有衝突，那就代表人們很清楚正在執行什麼事，但不清楚現實的本質、有哪些已知事物、它們如何被得知。在商業情境中，這種情況就是企業在運行（員工工作並獲取報酬），但是你不知道企業真正在做些什麼，也不知道事物的名稱。

在烤蛋糕的類比中，這個情況就是，我們知道料理正在進行（方法），但不知道料理是否是蛋糕（本體）、也不知道使用的是否是蛋糕材料、比例為何（知識）。

08　若有興趣可以自行查詢，不過筆者的用意在於，大家不太可能知道kdb+資料庫。

對於許多產業人士來說，學術界看起來像這樣：他們觀察到人們起身前往某個地方參與活動，但是他們知道些什麼、活動叫作什麼，都是個謎。近來政府與企業間曾出現這類衝突，能作為很好的實例。舉例而言，美國國會曾詢問搜尋引擎公司，為什麼特定的圖片搜尋會產生特定結果。國會知道有事務在運作、有軟體在使用，但是不知道是什麼軟體（本體），也不知道關於軟體的事（知識）。這個衝突的另一個顯著例子是社群媒體公司[09]創辦人和執行長被問到：「你們如何獲利？」而該執行長回覆說：「報告參議員，我們賣廣告。」

附錄一將更詳細介紹同理心崩潰，這裡僅列出上述衝突的一些例子：

- **格式：資料檔案。** 當你發現某類型的檔案正在受到剖析和使用（方法），但你不知道這個檔案有什麼內容、其內容與其他事物有何關係（本體），或是使用者從檔案中獲取了什麼知識（知識），那你面對的就是這類衝突。

- **標準與工具：產業。** 這裡結合兩個例子。許多標準都會定義特定過程，人們也有可用工具能用來履行義務並滿足標準（方法）。人們不清楚這些工具是什麼、

09　猜猜看是誰吧。筆者對此不會提供具體細節，請各位自己查詢。

它們與標準有什麼關係（本體），也不清楚它們能使人獲取什麼知識（知）。舉例而言，有一項ISO27001風險評估工具……能用來協助ISO27001風險評估的過程（方法）。怎麼用？為何用？不曉得。

- **資料品質：信任**。在資料品質過程中建立信任（方法）、了解人們試圖知道什麼事（知識）以及事物命名與連結的方式（本體），是重要關鍵。「不明白特定事物」是這個衝突的一種形式，而這個衝突的結果很可能是失去信任。

知識

當相關者唯一的共同處是知識論體系，而本體論體系和方法論體系中出現衝突時，人們很清楚有哪些已知事物，以及這些事物的習得方式，但是不清楚現實的本質，以及已執行過哪些事。

再最後一次舉蛋糕的例子。我們知道食材是以特定的比例混合，也知道可以從哪裡學到比例（知識），但是我們不曉得要如何混合（方法），或不知道食材的名稱（本體）。各位可以試想自己試圖在異國的廚房做蛋糕，在這個情況下，你看不懂食材的包裝，也不會使用器材。

以資料而言，這個情況就是：知識在驅策某種行動後，使人取得成功，但你不曉得那是什麼行動，或不知道資料包含什麼內容。在一段關係的早期階段，當某個組織懷著尊敬的態度試圖開啟新市

場時，這個組織會以「新市場知道某些事」這個假設展開討論；然而，該組織會需要經過一段時間的學習來確認現實的本質，以及執行事物的方式。若一家新創公司試圖取得產品與市場的契合性，那通常是因為它相信市場存在著價值，只是它還沒習得成功的方法。

附錄一將更詳細介紹同理心崩潰，這裡僅列出上述衝突的一些例子：

- **工具：資料生產者與資料消費者的工具。**當資料產品的這兩方交流時，他們談的是知識（資料）產品（知識），而且認同這麼做有其價值。然而，他們不見得會知道對方的工作方式（方法）或對方的現實本質（本體）。技術人員和非技術人員之間尤其如此。
- **資料品質：**在你的資料旅程之初，當所有相關人員都同意必需學習一些東西時（知識），工作就會展開。然而，在這個早期的階段，人們不會知道品質涉及什麼元素（本體），也不知道品質該如何被評估和維持（方法）。在進行討論時，若所有人都持有來自自身典範的想法，此類衝突就會發生。

當你確定典範之間有衝突時，理想狀況是大家對於「典範之間有衝突」的事實能取得共識（即使你們從未說出「典範」兩字，而是將它稱之為「誤會」也一樣）。在組織情境可能會遇到的狀況

中，當碰到人類與資料相關的工作時，若你能展現出自己深思過衝突可能出現在何處，並且要求進行改善工作，那你就等於以極為正面的方式來展現同理心了。這將帶來更大的成功。簡單來說，人們喜歡那些有考量他們需求與感受的人。這是展現你有這麼做的好方法！

示例

《伊索寓言》有一則寓言叫〈北風與太陽〉，這則寓言是典範衝突以及同理心如何帶來成功的貼切例子。

在這則寓言中，北風與太陽打了個賭。北風確信自己比太陽厲害，打賭說自己能吹掉路過旅人的斗篷。太陽接受打賭。北風用盡全力吹風，旅人把斗篷拉緊。北風再吹一遍，旅人把斗篷拉得更緊。北風放棄努力，宣告要把旅人的斗篷脫掉是不可能的。輪到太陽，它將暖和的陽光照射在旅人身上，片刻後，旅人把斗篷給脫了。太陽成功贏了打賭，讓北風十分震驚。

太陽為什麼會贏？

太陽了解旅行者的需求與感受。

讓我們從典範同理心的觀點看看這件事。

北風與旅行者在「斗篷」的本體論與方法論體系方面出現了典範衝突，兩者對於現實的本質有著不同看法。對於北風來說，斗篷代表了重量很輕的物件，透過施加風力的方法就能吹掉。對旅行者來說，斗篷代表溫暖，因此在面對強風時，必須將它裹得更緊。

太陽對於旅行者在「斗篷」和溫度的本體論和方法論體系方面的典範，發揮了足以帶來成功的同理心。

這感覺上可能是一個非常簡單的例子。希望如此。因為那代表各位看得出同理心如何能帶來更大的成功，而且過程不需要很複雜或困難。「旅行者與斗篷」和「北風與太陽」可以被替換成「銷售部門與糟糕的電子表格」和「資料庫管理者與富有同理心的資料工程師」。故事情節會十分雷同。對於資料庫管理者來說，電子表格應該以要匯入資料庫的資料表來呈現。對於銷售部門來說，電子表格是失敗與成功的紀錄 —— 是作為每次機會出現時，向機會靠攏的實用工具；僵化的表格會減慢他們的工作速度。富有同理心的資料工程師會幫忙協調兩者的需求，以尋求理解為優先。

步驟三：典範演化

典範演化是一個改變本體論體系、知識論體系或方法論體系的過程。這個過程需要什麼樣的技巧端看要解決什麼樣的衝突。理想情況是，新的典範會建立並演化。然而，比較常見的情況是，某方會獲悉他人的典範，然後將那項典範演化到他們自己理想的狀態。我們稍早看過了典範間的衝突範例，以及這些衝突在真實世界的例子。現在，我們要來探討能幫忙解決這些衝突的技巧。

當雙方對「衝突存在」這個事實有共識，而典範演化也漸進式地在進行時 —— 演化生物學家賈德・戴蒙（Jared Diamond）稱之為

「匍匐的常態」（creeping normality）[10]，人們比較容易接受這些改變。只要雙方滿意每個改變，自然也會能接受這種悄然變化。以銷售情境為例，這種演化有時候是比較單方面的，例如賣家在買家沒有同意的情況下，悄悄地逐步改變。在資料工作中，你會需要擔任賣家角色，並運用這些技巧來悄悄改變買家。

請記得我們談的是同理心。你需要在技術性的資料情境中理解他人的需求與感受。你的目標是根據所辨識的衝突，改變自己或他人的行為，藉此取得更大的成功。對程式設計師來說，這與對軟體進行的「除錯」（debugging）工作有異曲同工之妙。

我們有一套可取得的工具有助於典範演化，而應用這些工具是一種同理心的實用形式。透過練習，任何人都能提高他們應用這些方法來解鎖成功的能力。其中一些工具將有助於你演化自身典範，或能協助他人演化其典範。當人們親自演化自身典範時，這種改變會是最持久的。因此，任何你能提供的協助，都能作為他們旅程上的明燈。

尊重上述這點很重要，否則別人不會領情，你的努力也就白費了。以下的簡短介紹將引導各位選擇適合自己的技巧。每項技巧都代表一整個研究領域，如果有需要，各位可以尋找更深入的資料和訓練資源。

10　Jared Diamond, *Collapse: How Societies Choose to Fail or Succeed* (2005, Allen Lane).

聆聽

有句老話說：「你有兩隻耳朵和一個嘴巴，請按照這個比例使用它們。」[11] 這說得很對，而筆者認為在典範衝突的情況下，這個二比一的比例應該至少要改為五比一。

聽見與聆聽之間存在巨大差異。史蒂芬・柯維（Stephen Covey）在《與成功有約：高效能人士的七個習慣》（*The 7 Habits of Highly Effective People*）中所列出的第五個習慣是「先尋求理解他人、再尋求他人理解自己」。[12] 這就是我們此處談的聆聽。你不該只是等著輪到自己說話 —— 許多人（尤其是商界的人）都有這種習慣，在緊張或壓力的情況下更是如此。某些人把這種更深度的聆聽稱作同理型聆聽，而筆者純粹將它稱作聆聽，因為我們認為兩者本質相同。只是讓聲音進入耳朵，那叫做聽見。

在筆者研究的所有文本中，聆聽都是精進同理心的最佳（首要、終極、第一名）技巧。聆聽，然後再多聆聽一些。

以典範同理心的例子來說，當出現衝突時，你需要運用聆聽的技巧來理解典範的元素，辨認任何典範之間的衝突，然後確立自己需要學習什麼事。

本體：你能聽出說話者對於現實本質的看法嗎？他們運用了哪些詞彙來形容事物？你聽得懂他們的話嗎？他們的概念是如何連結

11　網路上認為這句話出自古希臘哲學家愛比克泰德（Epictetus）。

12　Stephen R. Covey, *The 7 Habits of Highly Effective People* (1989, Running Press).

的？

知識：你聽得出說話者將什麼視為事實、什麼視為知識嗎？他們的陳述是否揭露了他們的知識來源與習得方式呢？他們是否有描述到信念，並提及組織中提供知識和信念的「神職」人物？他們有展現獲取知識的慾望嗎？還是他們抵抗學習的需求？

方法：你能從話語中聽出他人做事的方法嗎？他們如何談論創新的過程？是帶著鄙視還是喜悅呢？

當你學習用所有感知來聆聽時，聆聽就會延伸到意識領域。擁有最高階同理心習慣的人能夠感知系統。他們透過這份意識來搜集周遭典範的資訊，並運用這份資訊採取行動。

人們可以從聆聽關於資料處理堆疊[13]的描述著手。對方是說 SQL 還是 Python？他們有提到 CSV、XML 或 JSON 嗎？他們在說串流運算還是批次運算？他們在討論資料湖（data lake）還是資料倉儲（data warehouse）？他們會談論資料倉儲權威拉爾夫・金博爾（Ralph Kimball）和他的資料倉儲方法嗎？他們會運用明顯是自己編造的詞彙嗎？[14]

聆聽作為一項技能，是可以練習並習得的。網路上有免費文章，市面上也有影片、書籍和課程可作為學習資源。如果你想要練習聆聽，只需要找個人來問他們一個開放式問題，即他們無法只以

13　堆疊（stack）是一個系統用來執行工作的一系列工具。
14　Ralph Kimball, *The Data Warehouse Toolkit: The Definitive Guide to Dimensional Modeling* (2013, 3rd edition, John Wiley).

「是」或「否」來回答，而是需要經過思忖和解釋的問題。

當你讓對方開口說話，而你真的在聆聽，並架構化地思考他們所說的話時，你就能開始建構他們的需求與感受的樣貌；這是同理心的基礎。建立了對他人典範的理解後，你的工作會更有效果。

下次當你處於工作場域時，問問自己：「我有意識到目前情況所涉及的典範嗎？」

提問

如上所述，有時候你會需要透過引導說話者來取得更多資訊，而相較於封閉式的問題或是陳述句，開放式問題的力量更強大。封閉式的問題可以簡單用「是」或「否」來回答。例如：「你是使用Python來處理資料嗎？」開放式問題需要更多話來回答。例如：「你如何處理資料？」而陳述句則不需要任何回應。我們稍後會說明陳述句如何作為練習。

提問是一項技能，需要透過練習來精進；如果平時沒有提問的習慣，就更需要練習。有些問題聽起來很不顧情面或是具有攻擊性。有些問題會暴露你的動機或你想得到的答案。這可能會增加回答者的社交壓力，進而限縮你能取得的資訊。與聆聽一樣，你可以找到文獻和課程來幫助你學習這項技能。

正確應用問題時，它們可以成為表達同理心的有力方法。這就類似於「富蘭克林效應（Ben Franklin effect）」，即：如果你希望別人更喜歡你，請他們幫一個忙。相較於做出陳述，當你問對問題

時，對方會更有一種受到理解的感覺。

本體：請對方描述實體的本質，以及它們連結的方式。這屬於「是什麼」的提問。當你不知道某個字或縮寫在特定脈絡下的意思時，這種問題尤其受用，但也可以用在你想確認自己的理解是否正確的時候。

知識：詢問別人如何得知某事。這通常屬於「為什麼」的問。為什麼你這麼想？取決於環境的不同，這個問題可以延伸至關於來源的問題。對此，你可以提出直接但溫和問題，如：「你從哪裡知道的？」或是較為一般性和質問性的問題，如：「你為什麼會相信？」這些問題能揭露對方所持有的是直覺、信念，又或者是根據證據所產生的理解。

方法：於此，你問的是關於「如何」的問題，而不是「是什麼」或「為什麼」的問題，如：「這份資料如何被使用？」或「你如何使用取得的知識來改變顧客的行為？」

練習

當你在演化自身的典範時（或你知道某人開始演化其典範時），你必須尋求許可（或允許他人）進行一段時間的練習。這種情況是，演化自身典範的人讓自己成為學習者，運用陳述和討論來測試自己對於典範某部分的理解。進行這件事時，你可以透過融合兩個典範的元素，展開演化的過程。當練習包含典範融合時，這種練習可能會逐漸變得像是說故事、教學和示範。

本體：運用你聽到的詞彙進行陳述，向持有衝突典範的人闡明現實的本質。當你這麼做的時候，你必須允許對方糾正你。因此，你可以運用封閉式問題，如：「_____（陳述）。我說的對嗎？」如果答案是「不對」，那你就得再試一遍。

知識：這裡的練習是關於知識與信念。你是否能做出看似是事實的陳述，或是做出符合對立典範的知識和信念的陳述呢？他們是否認為你持有知識？這裡很重要的是，不要過度複雜化你陳述知識或信念的方式。相較於晦澀的陳述，能以簡單的方式說出一件事，是更好的表達方式。

方法：如果可能，你能練習做某件事嗎？如果你無法實際去做，你能透過圖畫或話語來描述其步驟嗎？同樣地，你得透過失敗學習。你不必掌握正確的方法；況且，相較於旁觀者對你說：「對，你做得沒問題」，這樣的收穫反而更多。

整體而言，聆聽、提問與練習可說是開啟他人心房的一種非常有同理心的方式，藉由表達你為了更靠近對方典範，正在演化自身典範，讓對方敞開心胸，也願意演化他們的典範。許多人都會忽略要學習練習的技巧。練習是運動員、武術家、藝術家、廚師、音樂家、手工藝家很擅長的事。他們不斷透過實踐和測試反應來學習。

請記住，這可以是一場簡單的對話或會談，也可以是大規模的系統性與組織性過程。

說故事

當你嘗試協助其他人演化典範時,他們會需要以不同方式理解事物。說故事是一個非常以人為中心的理解方式。你越擅長同理心技能,你的故事就越能精準地在典範間的衝突之處產生迴響,成功鼓勵他人演化其典範。

故事有助於將一個典範的所有元素放入共同例子的相互脈絡之中來看。這種故事可能是像喬治·歐威爾(George Orwell)的《動物農莊》(*Animal Farm*)那種致力於讓普羅大眾也能了解特定典範的偉大諷刺小說,或者也可能是商業情境中能勾勒某個典範部分輪廓的特定例子。

本體:故事可以純粹是把一個詞放到脈絡中看那麼簡單。這麼做有助於勾勒出現實的本質,而無須明確的進行教學或是陳述該脈絡。敘事過程就能解釋實體與它們之間的關聯。

知識:故事能勾勒出知識或信念,以及它們發展進程的樣貌。故事特別有利於建構信念。宗教時常以這種方式運用故事。舉例而言,古希臘有許多關於諸神的故事。這些故事幫忙建立了崇拜的理由,以及社會對宗教的忠誠。伊索寓言也有助於解釋人生的各種面向。當你試圖解決基於信念而起的典範衝突時,透過聆聽或提問確認,他人的成功故事將可能帶來特別強大的效果。

方法:故事可以描述執行某件事的步驟,但沒有必要成為「步驟指南」。以技能為基礎的方法需要反覆進行與練習。相較於列出

過程步驟，描述練習過程的故事更能夠發揮引導的作用。這類似於動作片那種主角的訓練過程剪輯。

把故事講好是一項可以學習的技能。學習說故事是發展同理心技巧的一大關鍵。說故事是布達信念的核心，是大規模演化典範的工具。學到說故事的技巧後，人們當然可能會濫用這項技能，編造出看似可信但其實是虛構的故事，或是索性直接說謊；然而，以真實的故事傳達事實，總能帶來非常強大的影響。

提供證據

這種解決典範衝突的形式具有好鬥的意味。當證據的可信度很高的時候，這個方式非常快速，而且可作為一項概述。如果需要更詳細說明，以演示的方式呈現證據比較好。當證據的可信度很低的時候，衝突會變得像法院案件一樣。你必須按照正式流程搜集對的證據，並在獲得允許後提交 —— 你在證明你的陳述是事實。

科學作為一個方法論體系，它的典範演化是明確以證據為基礎的。科學追求發展可重複證明為真、以證據為基礎的知識。在科學領域工作的人可以告訴你，人們在這個過程中有多麼好鬥。

如果有必要確立證據，那就意味著先前的過程中，明顯有某個部分缺乏同理心的投入。這可能涉及整個產業，遠不是當前狀況的任何一方造成的。

對此，資料領域中很好的一個例子是資料庫基準評測（database benchmarks）。基準評測是針對資料庫的某個功能，以標準負載量

（如：對固定列數的資料進行聚合）測試其性能，並得出分數。人們談到資料庫時，可能出現知識體系方面的衝突，需要透過基準評測分數的裁決，才能繼續對話。這是雙方提議要使用不同資料庫系統的情況。提供資料庫在特定情境下的性能的證據有助於對話繼續進行。理解這點就是發揮同理心。

本體：此處的證據表明了一個實體以其所述方式存在，或是實體之間的連結。它可以是資料組中特定叢集（如一個新客戶群）的證據，或是「相較於個人效率，客戶更偏向將你的產品與氣候變遷連結起來」的事實。

知識：此處，證據用來證實知識或信念。例如相較於書本的學習，透過學徒制和練習所習得的隱性知識與能力。在教育領域，課程作業和考試結果常被當作知識的證據。

方法：資料可以當作某個過程發生過的證據。舉例而言，在預測性維護的情境中[15]，車上搭載的感應器能接收車輛速度的測量值，顯示某一組送貨司機（他們可能因為送貨迅速而被視為比較成功的司機）違法超速、造成較嚴重的車輛耗損，因而為公司帶來更高的風險與維修成本。

示範

示範與提供證據的不同之處在於，你積極地展示程序的發生過

15　在此情況中，人們會透過運用資料來建構模型，預測機械零件故障的時間點，讓維護工作更有效率。

程，而不是利用可信度來支撐證據。示範需要許可和脈絡才能發揮效果。許可的意思是你要請求觀眾看完某個流程。如果他們沒有給予許可，示範的效果就會減弱；而脈絡的意思是，示範過程必須被放在欲解決的典範衝突的區域脈絡下來進行。一個壞的示範只是帶過步驟，並沒有證明任何事，那等於是浪費時間。

本體：示範旨在表達現實的本質，即詞彙的意義以及它們連結的方式。在資料或程式設計的脈絡下，指的是一個系統不同部分的命名與它們整體運作的方式。舉例而言：「我們有一個RESTful的應用程式介面（API），以及經過OAuth 2.0認證的軟體開發套件（SDK），這個套件能提供歷史資料。」這句話包含了五個源自非常特定的本體論體系的詞彙：RESTful、API、SDK、認證、OAuth 2.0。「這個套件能提供歷史資料」這段話，則獨立於上述體系。對話能從這裡展開。當你向使用者展示軟體開發套件能使用Python，而其他詞彙對於擷取歷史資料來說並不重要時，這能讓使用者有喘息空間，得以按照自己的步伐，將自身的本體論體系演化成能與應用程式介面的世界接軌。這麼做有同理心多了。

知識：示範知識或信念是一件困難的事。人們通常會傾向透過說故事來傳達知識或信念，因為他們自己很可能也是經由某個故事或過程來獲取知識或信念的（而這個經歷也最適合以故事來描述）。示範取得新知識的過程能夠產生強大的效果。然而，因為你是在示範某個學習過程，這會變得更接近於教學。

方法：示範事物執行的方式是最直接的示範方法。以資料的情

況來說，這可能是示範如何從檔案傳輸協定（File Transfer Protocol，FTP）網頁下載資料；或是示範應用程式介面如何透過Python軟體開放套件運作；抑或是示範如何以SQL執行聚合工作。這些示範都有助於快速處理衝突。運用同理心確認有必要示範，並根據特定需求進行示範，將能發揮極大的效果。

如同所有上述技巧，示範是可以學習和精進的技巧。對技術人員來說，進行示範或許是令他們最自在的方式；然而，若要發揮效果，就必須將注意力集中在衝突區塊。

教學／指導／訓練／監考

教學是最外顯的典範演化方式。若不是你要求對方服從由你主導的學習過程，就是對方請你透過教學來演化他們的典範。教學能為典範衝突的所有領域帶來幫助，但前提是對方必須允許你教他們。要建立作為教導者的可信度，往往必須付出大量同理心，且需要運用其他技巧進行前期工作。教學與所有上述技巧一樣是可習得的技巧，而且背後也有一整個提供學習資源的產業。

本體：教學能明確解釋實體以及它們之間的關係。例如，資料部門員工可能會參與新進銷售員工的銷售訓練，藉此讓自己對公司的理解脈絡化。

知識：這通常被稱為「訓練培訓者」的過程，它本身就是在教導如何取得知識和如何教學。例如，銷售部門的員工可能會參加「資料概論」的課程來了解資料工作者是如何發展自身技能的。

方法：於此，教學的功能在於描述執行事物的方法，其過程會解釋步驟與預期結果。這通常會很快發展成實作練習。

詳細範例：PDF 檔

當你發現資料被鎖在一個不理想的格式、資料檔案或應用程式介面中，表示你發現了一個典範衝突，這時你的技術同理心技能與技巧就能幫助你在工作上取得較好的結果。

出現方法體系上的衝突時，就會導致不理想資料的格式。舉個明確情況為例：某位金融界人員礙於規範，必須以 PDF 檔來交付資料（這是他們交付資料的方法），但他之後到其他產業工作時，就沒有這項規範了；對該產業來說，資料的可交互運作性比可追溯性更重要（這顯示不同的方法體系）。我們也能思考本體體系不匹配的情況 —— 相較於資料，PDF 文件更類似於資訊。PDF 是高度結構化、視覺格式化，以及發表化的格式。

若要解決這個衝突，我們很可能需要訴諸某些技巧來發掘對方所交付的檔案是如何產生的，看看其產生方法是否能被改變。詢問和聆聽的技巧在這裡很能派上用場。確認眼前典範的細節後，運用說故事的技巧來協助演化資料生產者的典範，會是很不錯的下一步。記得要融入資料生產者熟悉的話語來建構這些故事。如果生產者與消費者之間的關係很牢固，或許就能運用實驗或示範來說明為什麼 PDF 不易處理，以及它為什麼比較類似資訊而非資料。就協助資料生產者演化本體體系來面對未來而言，這不失為一個的寶貴方

法。

　有個可能情況是：雙方會因為分享檔案的過程，而了解分享資料的價值。這意味著資料生產者和消費者在知識體系方面的典範會出現某些重疊，這種共識能作為雙方合作的基礎。

　「這個資料檔案是如何產生的？」這個問題是不錯的切入點。接著，你可以提出一系列問題，一路問到原始資料儲存在哪裡。但如果問說：「為什麼要生成為PDF檔？」感覺起來可能太具侵略性，所以問起來要更小心。在這場旅程中，留意資料生產者如何處理資料的線索很重要。詢問時要保持友善，但也不必忌諱詢問資料生產者的背景。請記住，你是在進行同理式聆聽，試圖發掘和了解當前情況是什麼需求和感受所致。長遠來看，你現在投資的時間將有助提升資料系統的整體價值。這是值得的。

　接著，資料消費應該要解釋自己處理資料的方法，確保自己與資料生產者在本體體系方面有共識，並用對方熟悉的話語來描述自身過程；說明處理當前的資料檔案為何會涉及額外工作，以及這些額外工作何以會削減雙方在知識體系上的整體價值。當雙方有清楚的共同價值，並朝著新的共同典範前進時，雙方的目標就會變成是，在資料被推入不理想的格式之前，就先發掘存取那些資料的管道。

　寫一個PDF剖析器，或是付費另請公司來擷取資料，耗時且昂貴，而且會直接減損資料產品內含的價值。在某些情況下，資料產品會繼續存在於不理想的格式中，而人們會需要對它進行額外工

作。經過上述的詢問和說故事的過程後，雙方就會有堅實的基礎來討論接下來所需的投資和工作。

進階典範

先前所談的典範三元素：本體體系、知識體系和方法體系，屬於典範的技術面向。然而，當你開始了解典範所涉及的詞彙（本體）、已知事物（知識）和做事的方法（方法）時，就會開始接觸到替上述三項核心領域帶來色彩的第二個層次。這第二個層次由兩個元素組成：一、美學，即決定外貌應該如何呈現的元素；二、道德，即決定事物應該如何執行的元素。這兩個典範的面向與本體體系、知識體系與方法體系並不總是有直接的互動。然而，它們是人們在決策過程中必須意識到的因素。如果不慎忽略這兩項因素，它們可能會帶來廣大的影響。這種影響通常會發生在與新團體互動的時候；人們會無意識地產生一種假設（偏誤），即：雙方在美學和道德方面有某個相似之處。這會在本體體系、知識體系和方法體系產生初步明顯的衝突。

我們來以〈北風與太陽〉的寓言探討美學與道德如何帶來影響和成功吧。不過，在那之前，我們必須把故事情節調整成：太陽正確地理解旅行者的需求，並已經充分使旅行者感到悶熱，但旅行者仍沒有脫掉斗篷。

圖11：典範同理心之輪

美學

太陽富有同理心、想法開明，它觀察到旅行者從斗篷的口袋中拿出一把精緻華美的扇子，開始對著自己扇風。這是美學與方法體系具備互動的跡象。太陽預期斗篷只具備實際性（方法性）的功能，即保暖。這裡的誤會在於，斗篷也有美學的功能，而這項功能強過基礎的方法體系。旅行者穿著斗篷不只是因為它保暖，也是因為它好看。在某些情況下，這會演變成虛榮心；嚴重的話，還會變成自戀。

我們來進行一個活動。請各位思考看看，「知識＋美學」與「本體＋美學」有哪些互動的可能性。想想看知識（知識體系）可能如何受到美學的驅動。美學如何影響世上事物的命名（本體體

系）。這些衝突出現在哪些格式、工具或品質領域中？請記得，雖然這些互動可能會以知識體系、本體體系和方法體系的面向呈現，但它們仍可能是隱藏性的第二個層次。

在面對科技（包括資料）時，請不要低估美學的影響。人們或許不會將古典的美學定義應用在圖形用戶介面、產品設計或資料視覺化之外的領域；然而，一項解決方案是否令人感到愉悅、是否能優雅地運作，仍是技術人員評斷其好壞的關鍵。無論一個解決方案的運作多麼良好，人們還是可能會嫌它太醜！

道德

在調整過後的故事中，太陽可能有觀察到，當北風最初吹氣，斗篷四處飄動時，旅行者赤裸的手臂和肩膀露了出來。雖然這個細節可能只有在「旅行者會在特定溫度下脫掉斗篷」的脈絡中才會顯得重要；然而，在旅行者的文化中，露出身體在道德上可能被視為不當行為。所以旅行者不論多熱，都不會將斗篷脫下，除非他們能在遮蔽處換上能覆蓋肩膀和手臂的涼爽衣物。

相較於美學衝突，道德衝突可能更難辨認，因為它的根源是複雜的道德結構的一部分，這個結構既融入個人，也融入組織中。以科技和資料的情況而言，某些例子清楚顯示了道德的重要性。競爭情報（competitive intelligence）——即能替組織取得競爭優勢的對外部因素的知識和理解——是一項存在於「知識＋道德」空間內的工具，因為人們只有在符合組織道德規範的情況下才能蒐集對手的資

料。人們可能會創立一間新創公司，專門提供拼湊（scraped）[16]和外洩的資料。但某些公司的道德規範（某些情況是法律規範）並不容許這類資料。他們才不會想被視為商業間諜！無論某項知識是否具有價值（知識），道德規範都會阻止使用它。

作為練習，請想想「方法＋道德」與「本體＋道德」的領域中，有哪些衝突會限制成功？在你的產業中，有哪些方法被視為不道德呢？哪類語言若沒被納入考量，可能會招致衝突？

就科技的情況而言（尤其是涉及資料時），人們越來越理解這些道德考量，而犯下道德錯誤的代價也變高了。軟體商品使用者越來越意識到「軟體從他們身上捕捉到的資料具有價值和力量」這件事，而企業使用這份資料的方式也越發受到監督。無論科技能做什麼事，作為一個產業，我們都必須思考它應該做什麼事。你工作的方式、工作時所使用的語言，都會形塑你的工作對世界的影響。

道德考量會從源頭開始間接影響資料工作者。資料技能是跨產業的技能，因此你可以選擇自己的角色。雖然工作場域一直都存在著涉及道德疑慮的活動，但因為資料非常易得、力量強大、價值又高，這類活動出現的機率也增加了。你對資料這項新資產的技能會直接使你面對道德挑戰。你會在石油和天然氣工業、煙草、博弈、成癮性遊戲、慈善、新聞操弄、金融、政府或是教育領域工作嗎？如果你正試著理解事物的核心，你覺得這些原本可用來因應氣候危

16　假裝為人類閱讀者身分，從公開化資源中所蒐集到的資訊。

機的技能，卻被用在廣告產業上，是對的嗎？你可以替超級富豪制定更佳的投資策略，也可以協助左支右絀的糊口農夫（subsistence farmer）發展更永續的耕作方法。資料工作意味著豐厚的收入，但是你必須思考自己對道德的評斷標準。

衝突的擾動

隨著自動化的重點從手動任務轉向透過機器學習、以知識為基礎的任務，我們能開始把典範衝突以及解決這些衝突的方法放到系統理論（Systems Theory）[17]中，以更廣大的脈絡來看。系統是很廣大的主題，不過簡單來說，系統就是一系列互相依存的元素。線性系統具有封閉性和清楚的界線。非線性系統則具開放性，會與其環境互動。我們都是許多系統的一部分，甚至也是我們創造的數位系統的一部分。所有系統都會經歷某種轉變，而一個系統回應改變的方式能夠顯示他的適應力。線性系統較為僵硬而有秩序，因此靈活性較低。非線性系統往往具有複雜的特性，這使它們更具適應力。混亂系統是指展現混亂行為或高度不可預測性行為的複雜系統。系統在混亂的邊緣（即複雜與混亂的交界處）時，適應力最高。這是因為它們擁有孕育新的可能性所需的多樣性[18]；這個多樣性有助於整體系統適應環境中的重大擾動。擾動可單純被視為是被施加的改變。

17　在我們移往工作的下個階段的同時，系統理論將會是一項我們需要越來越投入的關鍵技巧。

18　在筆者的定義裡，系統的方法體系內需要存在一定程度的差異性，這樣當系統在適應改變時，才能有不同方法可使用。

任何組織都是環境中的一個系統，當組織出現新進技術人員時，那就是一種擾動，尤其是這些技術人員是要透過資料協助組織學習時，更是如此。當兩個典範相遇而出現衝突時，這種擾動就考驗著組織的適應力。如果組織充滿同理心，典範就能根據對於環境的新理解，演化成能重新穩定組織的新狀態。這個過程感覺起來可能很複雜，甚至有點混亂，但這是自然現象，因為改變正在發生，執行事物的新方式也正在被建構。如果組織過於僵化，衝突的一方會崩潰，而崩潰意味著那方會離開，或被逼到線性系統中。就新做法（如資料工作）而言，這種情況可能會大幅限縮工作的價值。

當一個組織改變「取得知識的方式」（其方法體系），並開始藉由資料學習時，它會更有意識地注意其環境，也會經歷更多自身典範與周遭世界典範之間的衝突。若組織能越快速地將資料融入其知識體系，它就能越快從環境中取得回饋。當組織能受到回饋（資料）的驅動，它就能變得更有適應力、更穩固。擁有適應力和穩固性意味著組織將能夠更快速地從新情境中擷取新價值。

技術性與非技術性

我們建構的科技越多，就等於是讓技術人員和整體社會能夠累積更多內化的知識。人們工作時所處的典範就會變得充滿這些累積而來的知識體系與方法體系所留下的影響。技術性與非技術性典範之間的衝突會因為分歧、誤會和挫折感而起。這種衝突通常會以「對方應該知道某事」的態度顯現出來：非技術人員會認為技術人

員「應該知道」企業如何運作，而技術人員則可能會認為非技術人員「應該知道」資料與資料科技如何運作。如果我們我不從自身工作中退一步，並發展同理心，這些衝突會演變成不必要的對抗與緊張關係，這在科技或商業環境中皆然。這些衝突也會出現在各自的團體中。技術人員彼此之間往往存在著不同的技術性，衝突也可能會由此而生。同樣地，非技術人員的技能範疇，也從專注於技術的技能，涵蓋到專注於企業的技能。同理心兩者都適用。

具體化同理心

同理心是一項軟技巧，但那不代表它肯定鬆軟又抽象。確實，人類的大腦神經系統之間存在著光譜性，每個人「與生俱來」的同理心基準不同 —— 對此，科學研究正朝著能被接受的神經可塑性（neuroplasticity）理論與鏡像神經元理論方向進行（鏡像神經元是造成人動物和人類模仿他者行為的神經元）。然而，人們可以透過學習某些實用的軟技巧和程序，讓工作（尤其是資料工作）更具同理心。

我們來從典範同理心的角度，回顧一下同理心能讓你更成功的四個方式：

1.「交付一項工作成果」。當工作典範與工作交付對象的典範幾乎一致時，這份工作就會比較成功。

2.「成果不但受到對方接受，也符合其設定的條件」。這意味著雙方的典範衝突已經最小化。至少雙方了解彼此的語言。這代表工作會比較成功。

3.「透過明顯的理想改善⋯⋯來提供價值」。只有在典範衝突最小化或沒有衝突的狀況下交付資料，才算是提供明顯的理想價值。

4.「一套清晰且能重新定義行為範疇的新理解」。在許多方面，這都是資料之所以有價值的關鍵。資料工作本身會透過改變我們的知識和知識取得方式 —— 即任何典範下的知識體系 —— 來演化典範。這本身就是一種成功。

同理心習慣

當你檢視典範同理心的評估技巧時，你會發現，就像你可以在使用者體驗上建立同理心一樣，你可以在工作過程中注入同理心。你可以將自身技能當作一項活動來應用。這個活動會需要投資時間來學習。這樣說可能會讓人覺得，執行者必須先受過訓練或取得證照，才等於做好準備。實則不然！筆者固然希望本書能作為在教育的早期階段教導同理心的程序性教材，但各位此時此刻就能建構同理心。翻開此書的同時，你等於踏上精進自身技術同理心的旅程了。擁有「成長心態」（即對個人成長與學習持開放態度的心態）是

發展新技巧和習慣的必要條件。接下來的重點全在於發展出下意識的習慣。這一切都得靠練習。下意識的習慣會開始融入你做的所有事之中，並讓你更成功。

各位可以尋找到許多培養新習慣的技巧。舉例來說，詹姆斯·克利爾（James Clear）的部落格〈改變習慣的三關鍵〉（The 3 Rs of Habit Change）和BJ福格（B.J Fogg）的〈養成新習慣的三步驟〉（Three Steps to New Habits）[19] 都是不錯的網路資源。筆者之所以會建議各位研究如何建立新習慣，是因為這也是一項很有價值的軟技能。就同理心而言，在上述的架構下有意識地抓住機會練習是關鍵。在公園或在火車上都能進行。在這兩個地方，你都可以觀察到其他人，想像他們有什麼需求和感受，然後再根據他們的實際行為，回頭評估自己起初的想法。

在商業領域中，練習同理心的機會多到數不清。我們大多數人都在辦公室工作，而其中許多人都會需要開會。當你聆聽別人說話時，仔細搜索他們的需求與感受的線索。從專業角度來看，你可能會發現商業需求；也可能是較正式的程序中的使用者需求；抑或是你在發揮真正的技術同理心精神時發現同事的需求與感受。對方有表現出需要被聆聽的跡象嗎？他們對於受到討論的概念是否感到自在？還是他們正在尋找反駁的方式？我們在會議中都有時間真正聆聽他人說的話，觀察其肢體語言，並思考或省思那些跡象代表著他

19　B. J. Fogg, '3 Steps to New Habits', 30 December 2010，參見：www.slideshare.net/captology/3-steps-to-new-habits。

們有哪些需求和感受。這是一個練習同理心的方式。

〈人生之書〉網站上一篇名為〈什麼是同理心〉（What Is Empathy？）的文章建議讀者透過將自己的經驗投射在他人身上來協助自己發展同理心。[20]你可以將這個方法應用在上述的火車、公園、辦公室或會議的情境中。

日常生活之外也有機會和場合來以更結構化的方式練習同理心習慣，例如參觀美術館。〈人生之書〉的文章〈藝術有何用處？〉（What Is Art For？）指出，藝術是探索人生比較抽象的面向以及我們整體情緒樣貌的實用文化工具。[21]透過這個方式，藝術給予了我們一個練習同理心的途徑。我們可以透過畫作中的人物、歷史人物或歷史情境達到練習目的。舉例而言，威廉‧霍加斯（William Hogarth）著名的版畫〈啤酒街〉（Beer Street）和〈琴酒巷〉（Gin Lane），就是很棒的同理心練習素材。你可以思考作品創作的時空背景，如十八世紀時被視為邪惡毒藥的琴酒，在二十一世紀卻成了時尚酒飲這件事。你也可以看看畫上本身所刻的豐富人物與不同生活。我們生在多麼循環的世界啊！[22]

能提供最直接的同理心練習機會的藝術形式是虛構故事。我們可以透過無論是書籍、電視節目或電影來了解別人的故事。娛樂媒

20　'What Is Empathy?'，The School of Life，參見：www.theschooloflife.com/thebookoflife/what-is-empathy。

21　'What Is Art For?' The School of Life，參見：www.theschooloflife.com/thebookoflife/what-is-art-for。

22　譯註：這兩幅發表於一七五一年的版畫，對比喝啤酒的歡樂場面與喝琴酒的糜爛景象，藉此針砭烈酒對當時英國社會的危害。

介讓我們能在安全的環境下透過思考角色以及角色的處境來練習同理心。我們小時候受的教育有一部分是來自故事。伊索寓言和歐威爾小說中的諷喻和寓意都有助於我們探索世界。成人不應該停止使用小說故事來了解他人的需求和感受。從偉大著作到通俗小說，任何都故事都能提供某些觀點讓我們探索。

以這種方式學習和練習同理心並不需要花費大量時間投資，只要先意識到同理心的必要性，然後將片段的練習注入日常生活就能達成。隨著這個習慣的養成，你也會變得越來越成功。

威爾森在著作《知識大融通》中，貼切地闡釋了藝術的這項功能。他將藝術描述為「模擬的現實」，人類可以用它來發展自身在基因上被賦予的基本同理心。隨著人類的認知能力越來越能夠處理抽象概念，而且表觀遺傳規則與演算能力也變得更精良，這些藝術模擬也越發進階。從原始藝術到當今的電影和電玩，藝術仍發揮著這個原始功能。人類正是通過這項功能來評斷藝術的真與美。藝術的實用之處就於它使我們能夠從不同角度學習。

同理心與人工智慧

雖然資料是任何智慧系統的基礎，但是智慧系統也必須具備對於世界的理解，才有辦法有效地運作。在我們這個行業探索當前新型機器學習工具在建構智慧系統方面有什麼可能性的同時，認知性同理心是我們需要更仔細審視的領域。稍早提到的典範同理心模型

開始精細地從技術觀點定義同理心，以及如何辨識並處理該模型中的衝突。

針對人工同理心，產業目前的重點是自然語言處理（natural language processing，簡稱NLP），即軟體能以某種方式理解人類語言的能力，以及自然語言產生（natural language generation，簡稱NLG），即透過軟體產生人類語言的能力，它特別著重如何在文本中加上標籤，以便進行監督式的模型訓練。針對如何劃分語言和證據以便機器能以認知性同理心為基礎建構對世界的另一種理解，上述的典範模型提供了一個不同的運作架構。

在本書撰寫當下，人工智慧在機器學習的引領下，已然成為程序自動化的一套工具，要讓人類從索然無味的工作中解放出來。機器學習——尤其是深度學習——的演算法開始在聽力、視覺和閱讀任務上擊敗人類，創造出類似於超能力的演算法服務了。

透過集合性方式，也就是集結多種服務的方式（不限於機器學習），具自主性的人工智慧系統[23]，包括對話式介面（Conversational User Interfaces，簡稱CUI），又稱聊天機器人[24]，逐漸展示出資料易得性與大規模運算能力結合下的智慧系統，能為不論是企業或使用者都帶來價值。

然而，這些系統缺乏同理心。

陪伴型機器人是聊天機器人的一種，專門設計來改善孤單，與

23　人工智慧的定義眾說紛紜，筆者絕不想陷入這個泥淖中。
24　筆者採用較通俗的用法，而不是「對話式介面」這個較籠統的詞。

人在私下互動。這些系統處於探討機器人同理心的最前線。這些系統正引領著人工同理心（Artificial Empathy，簡稱AE）領域前進。新領域出現時，就需要發展新理解；就這個情況而言，我們需要的是同理心模型。某些陪伴型機器人開發者正在從介面的角度探討這點。聊天機器人在螢幕上該長什麼樣子？是透過說話還是文字傳達訊息？回應時要伴隨動畫嗎？或許包括臉部表情？某些人正在研究介面在對話情境中要如何選擇其回應。這些研究是針對家用裝置所做的，原因是人們擔心裝置會影響心理健康和兒童發展；觀察發現，兒童對於不會警告無禮行為的家用語音助理說話時，口氣會比較無禮。

典範同理心正是可以用於發展人工同理心的模型。筆者的用意是解釋其運作方式，無意提供工程解方。這是一場思考實驗。

以下是運作方式（至少在概念上是如此）。

任何人工智慧系統都有互動的管道，如果這個管道是話語或文字，那就容易理解，但情況也可能比較抽象，例如一個處理影像的系統可能只會看見向它傳送的影像。一個搭載實體感測器的系統可能只會注意到感測器所描述的世界。辨識互動管道說到底就是辨識系統中的資料流動。

這些資料集都有一個核心目標。在書面文本的例子中，那可能是意圖的表達：「X產品多少錢？」；在影像的例子中，可能是要處理的影像的傳輸。在交易系統中，則可能是指最近的購買紀錄。核心目標應該要很明確。

系統會需要從這些資料集中汲取關於外部系統[25]的需求與感受的第二訊號（secondary signals）[26]。在自然語言的情況中，我們可以將觀點和情緒視為通往第二訊號的路徑，我們可以從語音、意圖和實體的功能性部位中獨立汲取出這些訊號。在機器學習的情況中，只要擁有能訓練的資料集（過去或累積性發的資料集皆可），並能以理想訊號作為評分標準，就能建構一個模型。舉例而言，在深度學習中，沒有什麼可以阻止學習模型的輸出層（output layer）產出具備本體體系、知識體系、方法體系（或許還能以美學與道德體系為輔）的結果。我們是有這種技術能力的。如果一個影像標籤器（image tagger）能同時儲存色調資料，它就能被用來獲取關於某套審美標準的訊號。釐清第二訊號往往是資料科學家的工作，不過組織人員的整體資料素質若能提升，大家就應該能針對得出訊號的方式提出建議。

挑戰在於如何可靠地定義和辨識範例中的正面和負面情況。我們很可能需要採取非監督式學習（unsupervised learning）和增強式學習（reinforcement learning）的方式，讓人工同理心模型的品質作為整體系統成功與否的評斷標準之一。舉例來說，對一個旨在優化銷售轉換率（sales conversion rate）的系統來說，轉換率越高，它就越成功。人工同理心系統也應該能收到這種正向的回饋。許多企業

25　這個「外部系統」可假設是人類，但也可能是另一個人工系統。是的，這意味著人工智能對人工智能產生共鳴。如果你仔細想想，為什麼不呢？

26　在物聯網領域，有時也稱作「超信號（super signals）」。

（尤其是有足夠預算考慮添購人工智慧／同理心系統的企業）都會進行各種調查以了解顧客的意見，例如使用淨推薦分數（Net Promoter Score）來測量顧客對產品、公司或客製化產品的忠誠度及推薦意願。這些系統也能為人工同理心系統提供訓練範例和回饋。

與系統核心目標相關的資料集在運用上有其限制，因此需要為人工同理心系統特別設計新的資料資源。有鑑於此模型的需求，這些資源將包含本體體系、知識體系、方法體系、美學與道德。它們將為任何互動提供脈絡。這些資源可以是用戶檔案中尚未受到關注的部分、範疇更廣的通信資料，或如上所述，是從現有輸入源所得出的新結果。

採取整體性方法意味著，將同理心模型納入整體系統中，就像新增任何其他模型那般直觀。被納入的模型很可能會影響機器對使用者的回應。在簡單的聊天機器人的例子中，影響的可能是機器人的部分回覆內容；就網頁而言，則可能是頁面排版或文字排列的方式。

如此一來，挑戰的難度就能從「我們如何建構同理心模型？」下降到「我們如何汲取本體體系、知識體系、方法體系、美學與道德方面的信號？」這個挑戰仍然很大，但我們現在有更明確的起點了。

到頭來，機器學習可是受到演化中的迭代改進特性所啟發的。在其著作《知識大融通》中，愛德華・威爾森以直截了當的方式，精彩地說明了如何把道德體系編碼到一個模型中。他以基因作為範

例，列舉了人類對他人的憂慮會產生同理心的情況，以及孩童與監護者之間的親子依戀現象。相關例子還有很多，這些同理心的例子可以被視為與長期生存和促進繁衍有直接關係。它們與道德傾向也有很緊密的關聯。同樣的道理也適用於機器學習。我們可以創造能夠體現認知性同理心精髓的模型。這些模型會更成功，因為至少它們將能更有效率地與他者的典範互動。

OVER TO YOU

交給各位

歡迎來到本書主要部分的結尾。謝謝各位與我們一同探索資料同理心這個主題。

　　我們一同探討了看待同理心的許多方式，從資料生產者與消費者之間的人類關係，一路談到人工同理心這個新興領域中的機器。同理心在資料、科技與人生方面都是一項關鍵技能，而我們可以透過練習來提升這項技能。

　　同理心與多樣性相互依存，因為同理心有助於人們擁抱多元環境，而多元環境同時能滋養同理心。同理心不但能讓你更成功，也能讓所有人在資料工作上都更成功。

　　在附錄一中，我們將更深入地檢視散布在科技中有關於同理心崩潰的證據。改善並不是透過學習新的程式語言或安裝新的資料庫來實現的。加快速度不能幫助我們，但使用同理心可以。同理心能讓我們更成功。請先暫緩業務審查或編碼審查，下次先來場同理心審查吧。

　　筆者鼓勵各位去了解「他者」——那些在系統中往往無聲，但造就你工作的其他人，以及許多那些在生命中支持你的其他人。他們都是值得你發揮同理心的對象。

- 給予你**資料**的「他者」。

- **使用**你的資料的「他者」。

- 你的資料所**代表**的「他者」。

- 購買你的**產品**的「他者」。

- 向你**提供**資源的「他者」。

- 你消耗其**稀少資源**的「他者」。

- 會因為這些資源的使用而**受到影響**的「他者」。

- **生物界**那些支撐所有人生命的「他者」。

- 將在我們之後的**未來世代**出現的「他者」。

我們都可以再做得更好。我們的科技會變得更好，我們將能夠釋放資料真正的力量。若各位能從本書中學到一件事，那請學習……

聆聽。

給科技建構者的
深度技術案例

同理心崩潰

康德（Kant）勸告我們發揮人性，不僅發揮在自己身上，也發揮在他人身上，而且要把人性當作目標，而不僅僅是手段。截至目前，我們已經探討了同理心在人性中的位置——在所有個體中的位置。

現在我們知道資料和同理心是什麼了，讓我們討論一些資料工作中同理心崩潰的例子，看看我們能怎麼處理。

各位可以把資料領域中的技術同理心分成四大領域：格式、標準、工具，以及品質。

格式

金屬商品市場是解釋資源的格式何以重要的貼切類比。以下舉銅為例。銅是珍貴且重要的商品，它是生產電子產品不可或缺的原料，所以受到頻繁交易。銅的黑市很活躍，而大型工地的銅材也時常遭竊。此外，銅也是廢金屬產業的關鍵提煉原料。

銅的許多不同來源也造成骯髒銅（dirty copper）與乾淨銅（clean copper）的巨大價差。骯髒銅是指包裹在塑膠或其他材料（如銅導線）中的銅，也就是說廢棄物需要經過處理才能提煉出銅。乾淨銅則是可以直接使用的銅。乾淨銅根據純度有等級之分。乾淨銅的價值大約是骯髒銅的三倍。

同樣的道理也適用於資料。資料商品中的實用元素越受到格式的遮蓋，該商品的價值就會越小。這是因為處理資料的費用會直接抵銷從資料裡提取的價值。舉例而言，從圖像的表格中提取資料，會比從結構良好的文件中提取相同的資料困難得多。

這個總成本很難計算，因為組織很難以資源與時間的成本去衡量某個洞見能帶來的實質商業影響。

若從資料同理心的角度來看，資料提供者和資料消費者都能企圖了解什麼情況會導致「骯髒資料」。資料提供者可以思考資料消費者的需求，確保降低資料的骯髒程度，而資料消費者在進行新程序或重複性程序時也可以將清理資料的時間納入考量。這是較籠統的例子；接下來，筆者將透過具體例子來解釋這個情況如何發生。

電子表格

電子表格是許多組織內廣泛使用的資料產品的常見例子（在剛發展資料與分析的組織中尤其普遍）。就人工層面來說，電子表格是很好操作表格資料的工具。

使用電子表格時若忘記發揮同理心，工作的價值就會減弱，在合作的情況下更是如此。

◉ 欠佳的行為是什麼樣子？

「我擁有這個電子表格，所以如果我要以深奧和晦澀的方式填

寫，不清楚傳達內容，讓大家都看不懂，那也取決於我。」

　　第一個例子叫做「橘色代表週二」。在資料格式中以顏色代表含意會造成困難：人類有詮釋顏色的不同方式，而機器也難以正確處理顏色。舉例而言，銷售人員可能會根據自己對於市場的理解，在電子表格中以色彩標記日期，如橘色代表週二，綠色代表週日，諸如此類。這些色彩標記能幫助他們根據自身經驗偵測出資料中的異常數值。對於要達成自身使用目的的人而言，這是一個可行的「工作」方式。然而，如果他們沒有將這個資訊工作系統與基礎資料分離，資料就會受到汙染。

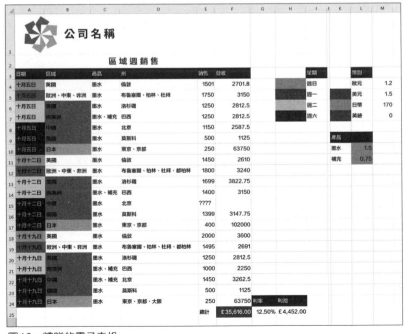

圖 12：糟糕的電子表格

下一個例子是：「我這麼做是為了讓計算變簡單。」在此情況中，使用者會打破結構或是表格配置以便讓資料輸入過程更簡單。舉例而言，電子表格中包含世界各地城市的銷售資料，城市欄的第一列寫著「倫敦」，第二列寫著「布魯塞爾、柏林、巴黎、杜拜」，而第三與第四列則分別寫著「洛杉磯」和「巴西」。首先，巴西不是城市，是國家。再來，四個城市的值無法代表一個城市。從資料的角度來看，這是一團糟！進行這種聚合往往代表人們需要比較規模相當的市場，但其規模內容卻與資料結構有所出入。

◉ 為何會發生這種事？

電子表格旨在作為資訊或是初步產品，而不是要作為資料來源。電子表格被當作資料交付，而且可能還是該資料唯一的來源，是我們此處需要解決的問題。人們時常將初步文件與資訊性產品或資料混淆，而組織也沒有提供使用電子表格的訓練。特別是在沒有標準可遵循的組織內，訓練就更罕見了。

資料提供者會對資料的架構方式持有假設，並且做出未加以記錄的決定，因此該架構方式會成為系統中的隱性知識，而不是顯性知識。人們可能會說：「這是我的電子表格，我以為它很清楚啊。」

◉ 良好的行為是什麼樣子？

在工作中使用電子表格時，可以遵循一些簡單的準則。舉例而言，將資料表格與初步表格分開、運用計算結果欄，以及建立明確的報告或資訊性工作表。然後，在建構公式時，把計算拆分為多個

欄位以及子計算，讓內容一目了然。

費莉安・赫曼（Felienne Hermans）針對作為企業資料或資訊產品的電子表格，進行了最頂尖與架構最精良的分析工作。[01]筆者很鼓勵各位找她的著作或演說影片來看。費莉安在研究過組織使用電子表格的情況後，發展出了一套任何組織都能採用的方法。

PDF文件

PDF的全名是可攜文件格式（Portable Document Format）。PDF文件無論如何都不是資料格式。如果對方將PDF檔作為資料交付給你，你會很頭疼。PDF的設計和演化都旨在作為跨平台檔案，讓內容能在螢幕或紙本上都能精確重現 —— 使用者知道將PDF檔從一個系統傳送到另一個系統後，其內容的視覺呈現仍會相互一致。

雖然資料表格可以作為文件的一部分包含在PDF檔內，但這不代表PDF檔適合作為傳輸資料的檔案。

● 欠佳的行為是什麼樣子？

經過上述討論後，這點可能很明顯了：欠佳、缺乏同理心的行為，最基本的形式就是把PDF檔當作資料使用。當一個格式重視視覺配置多過重視資料的完整性，它會讓資料解析（把檔案資料轉化為可處理的資料）的過程會變得更困難。舉例而言，一個PDF檔

01　請見：www.felienne.com。

中的表格可能看起來很工整，但是當表格被轉為純文字時，格線會在不尋常的地方斷掉。讀取PDF檔會需要類似於光學字元辨識（Optical Character Recognition；簡稱OCR，能從圖像中擷取文字）技術，而不是資料技術。讀取PDF的額外工作是一種成本，會抵消從資料中獲取的價值。

當你碰到PDF檔時，最實用的做法是試圖了解為什麼PDF檔會被當作資料使用。

◉ 為何會發生這種事？

PDF檔到底為什麼會被當作資料來傳送呢？根據我們的經驗，大多數情況存在三類原因。認識這些原因有助於我們洞悉資料生產者的需求與感受，也有助於我們尋找方法來擺脫PDF檔被當作資料的情況。

第一類原因是不變性。PDF是僅供閱讀的檔案格式是個廣泛共識。確實，在大部分的情況下，這些文件都作為閱讀之用。若要操縱其基礎資料，則必須借助特殊軟體。這意味著，如果資料生產者只希望你看見資料，而不希望你改變資料，就可能會使用PDF檔。

在受到高度監管且訴訟頻繁的產業中（如金融業），資料歷程至關重要，追蹤兩方發送和接收了哪些資料可能衍生出法律責任問題。在這些情況下，人們就會偏好使用固定格式。若以電子郵件傳送電子表格資料，收件者在儲存附件後，就能不留痕跡地修改檔案。無論現代的安全性和修改追蹤工具如何發展，這確實是歷史上

的案例。

這類原因可能是第二、三類原因的根本原因；然而，在大部分情境中，一個推理鍊的連貫性會因為人們轉換工作和行業而被截斷。你的資料生產者曾在金融界工作嗎？

第二和第三類原因是混亂（或意識的缺乏）以及覺察力的缺乏。商界人員的行為很少出於主動惡意。那太耗費努力和預先計畫的腦力了。對於資料提供者來說尤其如此。他們的行為往往是因為感到困惑、缺乏意識、壓力龐大，或是陷入困境所導致的。例子如下：

1. 他們不了解自己所使用的軟體，所以只用他們所知道的方式來輸出軟體。如果他們的輸出結果受到質疑，就會出現暴躁的舉止，因為他們不想承認自己沒有接受過所需訓練。
2. 他們忙到無暇考量別人的需求。筆者曾在一種情況下工作過：企業一天收到三百封附帶資料的電子郵件，同一份內容的報告各自被製作成PDF、XLS和CSV三種格式後發送。資料提供者不想更改報告的自動化設定，報告的成品自然只能維持當初系統設定的格式。
3. 他們在試圖保護智慧財產。例如，資料提供者有一個從電子表格產生的PDF檔，而該提供者可能會認為電子表格的運作方式屬於智慧財產，所以會試圖隱藏流

程或阻止別人複製其運作方式。這顯示他們無法將資料本身與資料的處理分開。（請見附錄一的「電子表格」段落。）

◉ 良好的行為是什麼樣子？

別把PDF檔當作資料使用！

資料生產者和消費者會需要討論使用這個格式的原因。如果是為了符合法律的不可竄改性需求，而你先前沒有意識到自己所處的行業受到高度控管，那你很可能需要進行大量的調查工作，才有辦法取得成功——不僅是法律上的成功，還有同理心方面的成功。

如果你發現情況是困惑和缺乏覺察力所致，那你就必須探索改變的可能性。探索最好的方式是帶著同理心，而不是一味地提出自私的要求。

無論如何，PDF檔必定是某個流程所產生的，它不可能是資料的來源格式。因此，我們必須就整個系統往回追溯，探究PDF檔中的資料從何而來。一旦發現來源，就可以探索改變的選項。

◉ 同理心是雙方的事

筆者稍早舉了乾淨銅和骯髒銅的例子，說明了乾淨銅為什麼比較有價值，並把銅當作資料的類比。不過，讓我們將它翻轉過來，從相反的視角來看。

假設以搖滾吉他手的角度來看，他會希望銅越「骯髒」越好：

銅纏繞在磁鐵上，以膠帶覆蓋，裝置於木頭的塑膠中……化身為吉他拾音器。對於吉他手來說，銅在骯髒狀態下能用來製造音樂，所以比較有價值。

從資料的角度來看，你可以將吉他視為一個應用程式。相較於其原始狀態，資料融入應用程式後會更有價值。在這個情況中，使用者不是資料消費者，而是應用程式消費者。

要求應用程式消費者直接運用資料工作，就如同要求吉他手拿銅材彈一首曲子。了解應用程式消費者的需求和感受很重要。他們甚至不會覺得自己在使用資料。

當資料看似深鎖在應用程式中時，情況可能特別棘手，因為身為資料工作者的你知道，那些資料的價值能在應用程式之外被提升。如果資料能得到釋放，你的責任就在於探索如何汲取資料而不會影響應用程式使用者。

資料檔案

在先前段落中，我們曾從人類使用者行為的角度討論過PDF資料檔案。在本段落中，我們將向外延伸，看看資料檔案類型的全貌。在資料同理心的脈絡中，資料檔案指的是任何一組基本上獨立於讀取該檔案的特定軟體的自足資料（self-contained data）。在系統內找尋資料產品時，尋找資料檔案是不錯的起點。

常見的格式包括Text、CSV、JPEG、PNG、TIFF、MP3、MP4、JSON、XML、YAML、Avro和Parquet。這些格式都可能會有

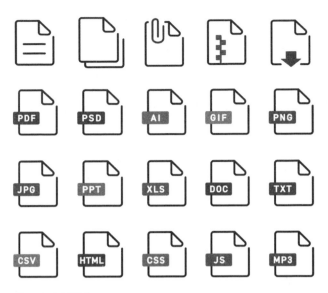

圖13：資料檔案

程式庫以不同程式語言來讀取這些格式，不過這些格式的定義仍獨立於程式庫。

PDF和XML檔案是邊緣案例。在技術上，它們具有專有性，與特定的軟體應用相關。然而，它們時常用於資料交換（PDF的情況算是誤用），並被當作資料檔案對待。

與特定應用程式綁定的程式檔案、資料庫檔案或其他格式，其編碼難以用指定應用程之外的方式讀取，且經常包含終端使用授權合約（EULA），規定使用者不得在其他應用程式中開啟 ── 這類型的檔案不屬於資料檔案。

在我們探討欠佳的行為之前，還有一個值得再度提出的關鍵概

念（先前在「資料產品」段落中介紹過）。在電腦系統中，真的沒有所謂「非結構化資料」。如果資料不具備結構，就沒辦法處理。這聽起來可能很枝微末節，但其實很重要。

所有資料都有結構。所有資料中都包含自然的關聯。我們在討論資料的定義時，就已經明白這些關聯是資料功能的關鍵了。所有記錄資料的系統都有某些圍繞著資料內容本身的結構。沒有結構，就沒有資料。

離開概念領域，進入下個層次來談。我們在看待任何一般性資料系統時（這也適用於其他系統），首先應該把它看作是「輸入、處理、輸出」的過程系統。如果你把任何接收到的資料視為從某個來源輸入的內容，那這個輸入的資料就具備來源所定義的結構，而系統的輸出內容則是你的資料產品（你就是資料生產者）。資料的結構端看你在過程如何定義它。

所以，普遍認為的非結構化資料，其實是具備來源結構的資料。資料有許多結構，而這些結構都以某種方式在資料檔案中被捕捉。

● 欠佳的行為是什麼樣子？

不良的結構與內容比率：結構與內容比率是指「資料檔案中與資料內容有關的位元組數量」與「資料檔案中與資料元素間彼此連結有關的位元組數量」之間的平衡。結構與內容比率不良是指用來提供結構的位元組數量過大。比率不良的格式意味著檔案本身與檔

案用途兩者不平衡。

所有資料檔案中都有代表檔案結構的位元組集。也有位元組集代表著資料的內容。如果屬於標示語言檔案，該檔案就是運用文本字元以某種方式描述資料的文本。舉例而言，在CSV檔案中，逗號與回車字元（carriage return）的用途就是將資料劃分為由欄與列組成的表格，而CSV檔中的表格內容結構則是由欄位標頭定義，通常是表格的第一列。例如：

日期,	產品,	庫存¬
2018-05-01	鞋子,	10¬
2018-06-01	鞋子,	5¬

這個例子中的「,」和「¬」（回車字元）創造了表格的欄和列，而「日期」、「產品」、「庫存」則定義了內容的意義。

在XML中，架構會由「標籤」定義，如：

<標籤屬性＝'值'>內含的值</標籤>

（<tag property='value'>contained value</tag>）

在JSON中，階層式架構是由「大括號」、「冒號」和「引號」所定義的，如：

$$\{\text{`最高層級'}: \{\text{`屬性'}:\text{`值'}\}\}$$

$$(\{\text{`top level'}: \{\text{`property'}:\text{`value'}\}\})$$

於此，{ } 的巢狀特性能顯示物件之間的階層 ——「屬性：值」包含在「最高階層」之內。在上面的XML例子中，「屬性：值」是標籤的屬性，而「內含的值」則是標籤的值。CSV、JSON和XML以不同程度豐富了資料結構的定義。

結構與內容比率是指「用於實用資料內容的位元組」與「用於高價值資料內容」的比率。為了簡單閱讀，以下比較CSV、XML和JSON時，將以「字元」代表位元組。

1980-07-27這份資料的資料內容是3.4。在所有三個例子中，「日期」和「值」代表欄識別符，會在各個例子中重複，所以不會被列入計算。

CSV

Date,Value ¬

1980-07-27,3.4

結構：逗號x2、回車x1 = 3個字元。資料：13個字元。

3/13 = 0.23

JSON

{'Date':'1980-07-27','Value':'3.4'}

結構：大括號 x2、引號 x8、冒號 x2、逗號 x 1 = 13。資

料：13個字元。13/13 = **1.00**

XML

<Value Date='1980-07-27'>3.4</Value>

value重複：5、小於符號x2、空格x1、等於符號x1、引號x2、大於符號x2、正斜線x1 = 14。資料：13個字元。

14/13 = **1.08**

　　這裡顯示出CSV的結構與內容比率最低，XML最高，所以CSV是最有效率的格式，而XML則效率最低。

　　眼尖的讀者可能已經發現了上述例子有個問題。這裡談的是1個值（1 value）。然而，當這些格式的資料量擴展時，會發生什麼事？

　　在CSV中，每新增一列資料，就必須增加逗號×1和回車字元×1。十列會需要20 + 2個字元作結構來支撐130個字元的資料（假設每個值都是帶一位小數的個位數）。22/130 = **0.17**。

　　請注意，從一列增加到十列，比率改善了。

　　在JSON中，你必須使用陣列（array）來保存多個值，而陣列定義會需要[ ]（兩個字元），而每個新增條目都需要一個逗號。例如：

[{'Date':'1980-07-27','Value':'3.4'},{'Date':'1980-07-28','Value':'3.6'}]

除了第一個例子之外，現在每新增一個條目，就必須複製「日期」和「值」。這代表十列的內容會是13×10 = 130；就結構而言，每個新條目會有13 + 9 + 1個字元（Date + Value九個，逗號一個）。十列就是（23×10）+ 13（第一列）+ 2（陣列定義）= 245。245/130 = **1.88**。

請注意，從一列增加到十列，比率變差了。

在XML中，你會需要創造一個陣列節點。我會很好心地用<a></a>來這麼做。這是有效的XML，但因為不易閱讀，所以不是最佳做法。我不認為就陣列而言，<a>這個標籤展現了對資料消費者的同理心，特別是因為整組陣列只需要這個標籤一次。例如：

<a><Value Date='1980-07-27'>3.4</Value><Value Date=
'1980-07-28'>3.6</Value><a/>

同樣地，標籤中會有重複的「日期」和「值」，所以我們必須考慮到這種重複。XML不需要以逗號作為分隔，所以這方面的字元是省下了。這代表十列中的資料內容同樣會是：13×10 = 130；就結構而言，每個新條目會有14 + 9個字元。（23×10）+ 14（第一列）+ 7（陣列標籤）= 251/130 = **1.93**。同樣地，情況會隨著資料的增加而變差。

如果格式對資料結構具有靈活性（JSON和XML這類純文本標記語言檔案往往如此），你就可以嘗試不同格式來改善結構與內容

比率。雖然較佳的結構與內容比率能夠縮減檔案大小，但往往也會削弱可讀性以及檔案處理起來的合理性。舉例而言，用JSON來呈現稍後關於應用程式介面輸出例子中的一個表格，就不會有好結果。這點筆者會再說明。

結構與內容比率在資料系統中意味著什麼？從同理心的角度來看，什麼是糟糕的比率？簡而言之，我們為何要在乎？

若要了解這點，我們需要看看結構與內容比率如何作為一系列重要因素間的平衡的代理值。這些因素是：可讀性（readability）、原子性（atomicity）與可串流性（streamability）。

可讀性

資料需要被機器與人類讀取。這代表機器和人類都應該能詮釋檔案，並從中獲取某些意義。有人或許會認為這點顯而易見，但這其實具有爭議。反對派認為資料應該只由機器讀取，而人類應該只閱讀元資料（metadata）、資訊與紀錄。這個觀點特別適用於仰賴效率、需要借助特別的格式來優化機器處理效能的情境。然而，大部分我們遇到的情況都會使用某種形式的標示語言，因此資料檔案應該是機器和人類皆能讀取。

從結構與內容比率的角度來看，當比率較低時（特別是當數值小於1時），檔案的尺寸也會比較小。較小的檔案較不占長期儲存空間，當你檢視資料大小如何隨著資料量的增加而變化時，這點尤其明顯。這也意味著，資料的各個段落需要讀入記憶體來進行剖析

（parse）[02] 的量會比較少（也請見「可串流性」）。

　　如果只以位元組表示法進行工作，就有可能將結構與內容比率推到零（或接近零）。這意味著所有結構都應該單獨儲存。這種單獨的儲存被稱為元資料或文件。幾種現代資料格式（如Arvo／Parquet）都以有效率的方式將元資料儲存在資料之外的獨立檔案中，好讓其結構與內容比率盡可能趨近於零。

　　若要讓這些格式變成人類可讀的格式，就必須借助特殊的工具讓讀者能清楚了解其結構與內容。結構與內容比率越高，檔案中的結構就越明顯。只要檔案是文本，它就能被人類閱讀。檔案的結構越明顯，人類就能越容易閱讀和理解。筆者認為可讀性對於檔案格式來說很重要，因為人類需要對資料進行推理，而閱讀資料有助於此。[03]

　　就XML的情況而言，檔案中有許多無關於人類閱讀的結構，純粹是為了供機器讀取。有些人認為XML檔案中有這些額外雜訊而比較難閱讀。大致上，筆者不推薦使用XML進行大量資料分析，如果真的要用，也應該只用它來儲存組態檔案。有個叫YAML（Yet Another Mark-up Language）的格式利用製表字元（tab）和回車字元來當作文件中的「空格」。這個格式的可讀性良好，能消減視覺上的雜訊，因而受到讚譽。由於這個原因，YAML作為組態檔案特別

02　在此情況中，剖析是指以某格式「讀取」資料，並將資料轉換成「內存」架構，以供進一步處理的過程。

03　我知道我們之中有些人能自在地閱讀並理解二進位檔和十六進位檔，不過我們是比較奇怪的一群。

受到歡迎。

　　小規模的CSV看來具可讀性；然而，當資料的量變得越大且複雜時，CSV很快就會變得難以閱讀，尤其是螢幕下滑而看不見標頭（標頭是一次性地儲存在檔案最上方）、內容字元的寬度出現巨大變化的時候。

　　JSON旨在提供階層式的資料結構，因此通常會具備較多局部脈絡，能提升可讀性。然而，在JSON的標準格式定義中，回車字元是不被允許的。[04]這通常意味著JSON會經過轉換器的配置來方便閱讀。

　　你需要考慮的是工作（包括人類與機器的工作）與價值之間的平衡。對於人類而言，使用閱讀器或是配置工具等於是額外工作；而對於機器來說，處理檔案中過多的額外內容也會增加負擔。

原子性

　　任何資料檔案都包含一個資料集。將資料集劃分為部分，對於分析工作往往很重要。格式的結構不是有助於資料的劃分，就是會阻礙劃分。具有高度原子性的資料較容易劃分。

　　從結構與內容比率的角度來看，脈絡元素（contextual element）之於資料內容的局部性程度會影響該比率的高低。原子性越高，資料檔案的某個隨機部分就越有可能自我描述（self-describe），並提供關於資料內容的有用內容，且量多到足以讓人使用。局部性脈絡

04　這在實際運作時往往會受到忽略。請見關於標準的段落。

越多，脈絡就越有可能被重複，造成結構與內容比率偏高。CSV的原子性非常低，因為其脈絡只在檔案上方出現一次。JSON的原子性比較高。在上方的陣列例子中，每個物件中都有與每個條目的值集相對應的「日期」和「值」的脈絡。XML通常具有最高的原子性，因為每個標籤都能有屬性來提供幫助。

可串流性

任何資料檔案都可串流傳輸。串流傳輸是指透過網路或網際網路，在數位媒體之間（如磁碟與記憶體）傳送片段而非完整文檔的位元組。舉硬碟上的簡單檔案為例，在讀取該檔案時，許多程式語言都會允許你將整個檔案讀入記憶體，或是開啟串流來每次載入一小個片段。[05]

舉例而言，CSV的原子性很低，因為其標頭列是描述資料列結構的元資料；若你隨機取出CSV檔的某行內容而沒有先看標頭列，你就不會知道那是什麼內容。

情況往往會更糟糕，因為CSV是經常受到濫用的格式，人們會在檔案中到處新增額外結構或脈絡性內容。會出現這個情況往往是因為CSV是從電子表格或報告中產生的 —— 而那些檔案應該被視為純粹是文字檔。

若要串流CSV檔案，就必須接受標頭，將它應用於接續的每

05　這與網路或網際網路的情況相似。試想「下載電影」或「串流電影」的情況。

圖14：在資料科學茶會中，一桌人（a table）圍著一桌（a table）的表格（table）進行討論。

一列（通常是文字檔中的一行），並以首列標頭來理解每一列。如果只涉及單一表格，這並不會造成太多問題。但在多重結構的CSV中，這就會是很大的挑戰。在資料量很大的情況下，透過串流來處理CSV檔案是滿正常的事，這是因為表格結構擁有足以信賴的規律

性。如同所有假設，這種假設可能會導致問題，所以得小心看待。資料生產者在處理CSV資料時，應該要預期這個情境，並適切地架構自己的資料。

遵循標準的JSON應該是一個文件一行。這意味著一個檔案可以包含多個文件，而每個文件都有自足性。如果你串流JSON時是每次串流一行，那就能保證每個文件都具備完整性（原子性）。在透過網路或網際網路串流的情況中，這意味著串流在暫停後，可以隨時繼續進行，而且不需要有終點。任何JSON文件都能被建構成大致具備原子性以提升子段落的可讀性。

同樣地，XML也能建構為具備原子性、可串流性和可讀性。它的<標籤/>系統替提供了非常嚴密和清楚的結構，讓剖析器在載入資料時能理解其意義。

◉ 所以說……

如果你決定要提升你的資料同理心，在面對資料格式相關工作時，就需要將這些事項納入考量。同理心會影響你的選擇。我們需要取得一個平衡。然而，從他人的需求與觀點解釋你所做的決定將能帶來極大的價值，而且有助於你說服資料消費者接受該決定。

程式庫與工具支援

有些資料格式 —— 如稍早提及的Avro和Parquet —— 是以機器為優先的（即把機器可讀性的重要性排在人類可讀性之前）。我

們稍早看到，這些格式的結構與內容比率很低，所以能作為非常有效率的儲存格式。它們的結構資訊是以標頭或其它檔案形式存在，獨立於資料之外。在沒有正確工具的情況下，人類很難閱讀這些檔案，因為它們在根本上屬於二進制檔案。我們往往需要將這些檔案轉換為人類可讀的形式，才有辦法閱讀，而這些額外工作會減慢處理過程。

程式庫與工具支援還有個比較一般性的面向。有程式庫支援是指人們能取得某個程式語言的編碼庫，而這個編碼庫旨在有效率地讀取某個資料檔案格式。在常見的格式情況下（如CSV），你往往能找到能讓你以結構化方式將格式讀入記憶體的程式庫。較不常見的格式（尤其是訂製的格式），就不會有這種程式庫。工具的道理相似，但是工具的使用獨立於程式語言之外（如使用工具將JSON轉為CSV的情況）。

如果資料生產者選擇的格式讓資料消費者更難（而不是更容易）取得資料，那就是缺乏同理心。如今，某些資料集來自壟斷某一資料領域的資料生產者，這意味著人們無法透過其他來源取得該資料，這讓資料生產者能忽略該資料格式消費者的需求與感受。在消費者眼中，這種情況所產生的資料產品往往很糟糕（難以閱讀、難以使用、處理費用昂貴）。

在某案例中，資料被保存在特製的格式中。如果沒有十來個數頁的PDF文件，或沒有經過組織內部解碼，要解讀這個文檔是不可能的事。寫一個量身打造的剖析器會大幅抵銷資料處理所產生的價值。

綱要（特別提及）

綱要就像資料界的所有工具一樣，只要妥善應用就很有用。設計資料綱要有助於創造關於資料模型的通用語言，讓不同的團隊和應用都能使用該資料。然而，綱要也是資料界中許多挑戰的來源，而且在數位系統問世前即如此。

一九二〇年代，卡爾．曼海姆（Karl Mannheim）曾在討論知識社會學時，批評黑格爾（Hegel）研究歷史的方法過於邏輯化；曼海姆表示該方法「以人工方式將所有不理性內容轉換成理性內容，並將整個演化過程模式化了」。曼海姆認為此做法會破壞實際事實。以僵化的綱要作為任何形式的分析架構（不論是否為歷史分析），意味著你只能從其觀點評估證據。從資料的角度來看，重點在於綱要是否會破壞實際事實，如果有會，綱要可能甚至摧毀資料中的價值。聽起來很戲劇化啊！

脈絡很重要。我們在導讀中提到過，資訊是選取資料並以某種方式處理該資料的結果。將目前綱要中的資料轉到另一個綱要中是可能發生的程序之一。這是資料工作中非常常見的程序（尤其是在不同系統中使用資料的時候）。若要進行分析，資料的形式就必須適合該分析工作。舉例而言，一個溫度感測器的讀數會以它自己的方式呈現，可能是簡短的二進制數，或通過更進階的系統所產生的小型JSON文件。資料科學家可能會需要一段時間的感測器讀數表。這些感測器讀數必須被轉換為理想表格中的條目。

當資料轉換成適合某類分析的形式後（就類似於黑格爾的辯證把歷史變得太邏輯化的情況），這個轉換後的資料集很可能就不會適用於其他種類的分析工作。簡而來說就是一項資訊無法滿足所有需求。

綱要所摧毀的價值是具潛力的價值。如果沒有保存來源資料，就會降低更進一步分析的可能性。因此，在設計綱要來作為資訊的原始資料時，必須取得當前價值與潛在價值間的平衡。

◉ 為何會發生這種事？

當資料生產者使用較舊的系統時，就經常會出現不當使用綱要的狀況。過去的運算效能和記憶體都昂貴許多，因此人們將許多心力投注在如何有效率地儲存資料。「效率」意味著花費最小的磁碟和記憶體空間來處理資料。效率的代價就是處理過程更困難，或更不容易被人類理解。

有效率地捕捉和保有資料有其難度，因此若要對資料格式進行升級，費用可能極為昂貴。人們會需要設計新系統，並將所有舊資料傳輸和轉換到新系統中。這意味著舊系統和舊綱要通常會勝出，大量的潛在價值也會因此消失。

在討論資料要以什麼格式供應時，資料消費者必須將這點納入考量。就此情況而言，討論的重點應該放在投資工具或程式庫上，而不是全面升級資料儲存系統（尤其不該趕在短期內執行）。

◉ 良好的行為是什麼樣子？

格式

若要鼓勵資料生產者和資料消費者發揮同理心，花時間去了解資料格式的脈絡是最重要的活動。如果你剛踏上資料同理心的旅程，這可能是你在資料方面需要練習思考他人的需求與感受的前幾個情況之一。

大多數人都是在身為資料消費者的時候首次經歷挫折。在職涯初期，你會被要求處理某個資料生產者所提供的資料。你可能會感到有點挫折，覺得有必要質疑資料生產者在生產資料集的過程中所下的決定。這是寶貴的經驗 —— 請記住它，因為這個情況會在你的整個職涯中重複出現。

了解你自己第一時間的反應以及這個反應的根源是什麼很重要。為什麼這份資料讓你感到挫折？什麼事讓它處理起來變得困難，不如你的理想情況？在你批判資料生產者之前，先自問一些關於你如何選擇工作的問題。

- 會不會是你選擇的工具與資料生產者的工作不相容呢？如果不相容，原因是什麼？
- 你曾和資料生產者談過你收到的資料嗎？
- 你了解資料的來源嗎？那個系統對資料生產者加諸了哪些限制呢？

我們大多數人在某個階段會是資料生產者（即使我們當時可能不那麼認為）。目前，我們總是需要在一個更廣大的系統中工作，並接受其其限制。理想而言，你和你的資料消費者會有聯繫，你會能夠得知他們對你提供的產品有什麼需求和感受。當出現問題，或對方感到挫折時，回想你自己身為資料消費者的經驗，並思考問題出在哪裡很重要。

- 你把哪些假設建構到了資料產品裡面？
- 你知道資料消費者在使用什麼工具嗎？
- 你有多大彈性能為滿足消費者改變資料產品？
- 他們知道你有這些可行的選項嗎？
- 你在所有通信和文件中是否有明確傳達你使用的系統有何限制？

平衡

格式和資料產品之間總是得取得平衡。這可能是內容位元組與結構位元組織之間的數量平衡；也可能是人類可讀性與機器可讀性之間涉及系統頻寬的平衡。要記得正確答案並不存在，而被視為最好的做法也可能會隨著科技變遷而改變，這點很重要。

這意味著我們要取得的最重要平衡，是資料生產者與資料消費者的需求與感受之間的平衡。

綱要

在「大數據」（big data）一詞興起之際，「NOSQL」[06] 資料儲存科技也開始嶄露頭角並受到接受。這類儲存科技對綱要的概念以及綱要應用在儲存資料上的僵性（rigidity）提供了不同的切入點。一方面來說，你可以將許多綱要儲存在一起而無須執行它們（這時常被誤稱為非結構化的資料儲存）；另一方面，在隱性綱要系統中，資料格式會賦予資料結構，但是其中的資料的實際綱要並沒有被執行（JSON儲存就是一個實例）；再來還有嚴格和受控的關聯式綱要（如RDBMS中的綱要）。

綱要的僵性越高，人們就必須花費越多時間事先設計綱要。高僵性的綱要改變起來更耗時，這會使整體系統適應改變的能力受到減損，更容易隨著時間囤積治標不治本的措施。為了取得平衡，技術人員之間往往關係緊張。有人偏好嚴格的結構，有人則偏好寬鬆的結構、更大的資料處理自由。這類討論可能很激烈，所以要小心自己站在哪一邊。若能正確應用同理心，這些討論將能帶來更好的系統（這些系統會使用更適切的科技）。這個做法促成了所謂的混合式持久性（polyglot persistence）。在此情況中，資料是以數種滿足需求平衡的方式被儲存在系統中。

各位會注意到，筆者沒有推薦什麼是最好或正確的做法，更沒有提到所謂最佳實踐。這些詞彙常常被用來贏得辯論，不過代價是

06　我一向選擇將「NOSQL」詮釋為「不只是結構化查詢語言（Not Only Structured Query Language）」，而不是「非結構化查詢語言（Non-SQL）」。

會犧牲了解各方需求與感受的機會。了解哪些話語能促進合作和同理心的做法則好得多。

我們朝著下個段落前進，談談系統邊界以及透過其介面產生的互動。

應用程式介面

應用程式介面（APIs）是讓你的軟體（應用程式）與其他軟體在程式層面上連結的軟體。它就像是使用者介面，只是「使用者」變成了「編碼」。這是現代軟體溝通的核心與關鍵方式，無論是在雲端或是在微服務架構（microservices architecture）中皆然。在軟體透過網際網路來呼叫其他服務的情況中，應用程式介面有時會被稱作網路應用程式介面。

資料提供者（例如線上社群媒體工具或寵物健康紀錄新創公司）時常會透過應用程式介面控制其資料的取得性，而不會直接暴露其資料庫給資料消費者取用。這是將資料的儲存方式與交付方式分離的好辦法；針對系統的某些部分的進行解耦合不但能使版本管理（versioning）的樣貌更清晰，也能提升發展的靈活性。

然而，未投入同理心所開發的應用程式介面可能會讓資料消費者十分頭大。

◉ 欠佳的行為是什麼樣子？

筆者在職涯中曾碰到過許多涉及應用程式介面的欠佳行為。下

列例子無法包含欠佳行為的所有範疇，但筆者仍希望能藉此為未來的應用程式介面指出一條改善的道路。以下例子旨在明確點出在設計應用程式介面時缺乏同理心的情況。筆者希望人們在設計應用程式介面時，能和在設計使用者介面一樣用心、投入，並關心使用者體驗！

嚴格限流

社群媒體為資料生產者帶來許多行銷領域的新機會。突然間，可取得的資料來源爆炸性激增。這意味著許多新應用程式介面和商業模型繼而問世。某些受歡迎的應用程式介面（如推特）讓開發者能夠存取資源的開放性做法曾帶來麻煩。支撐那些應用程式介面的基礎建設因不堪負荷而停止運作。因此，這些系統提出了關於適當用量的限流規定。這意味著支撐應用程式介面的基礎建設會阻止你提出過量的請求，以便平衡滿足請求所需的計算負載量，防止單一使用者霸占資源。

有些組織決定以限流為基礎創造商業模式，這基本上就是要消費者花錢買更大的存取權。對此，筆者原則上沒有異議，但如果在應用過程中沒有投入同理心，就會造成問題。

筆者處理過的一個應用程式介面規定每分鐘只能進行一次請求。若是要請求當前的資料，這是可以接受的，因為該資料不會以更快的速度變動。然而，這對歷史資料而言就是個問題。例如，呼叫過去三百六十五天的資料會花上三百六十五分鐘；如果你需要七

十種資料，那就是兩萬五千五百五十分鐘，等於十七天。這在現代的商業環境中是非常長的時間。兩種不同的查詢卻受限於單一規定；這會使那群想汲取歷史資料的人感到挫折，而只需要當日資料的使用者則受惠。

隱晦的結果

所有應用程式介面都會產出機器可讀的結果，如果結果純粹是要讓人類閱讀，就不符合應用程式介面的特性。在資料的脈絡下，這種結果會是一組資料，這組資料會以某種方式呼應對於應用程式介面所做的請求。如果這個應用程式介面沒有被以正確的同理心建構，它產生的結果就會顯得隱晦，讓資料消費者難以處理。我們來看個例子。

以下例子是一個剛起步的時髦新創公司的應用程式介面所產出的結果。他們的主打功能是整頓開放資料（open data）[07]，使它變得容易使用。他們的整個業務都圍繞在他們讓資料變得「多麼易於使用」這點上。

圖15是輸出的例子。該公司使用JSON，這是一件好事；JSON受到各種語言支援，是易於理解的資料格式，而且結構與內容比率也很有效率（請見稍早的「資料檔案」段落）。JSON可以串流，可讀性也相對良好。然而，這裡的問題是表格資料與文件資料混在一

07　開放資料是組織（如政府與非政府組織）開放給任何人使用的資料 —— 像開放原始碼那樣的「開放」。開放資料通常是以「原樣」呈現，沒有經過仔細整理以利使用。

```
{
  'dataset': {
    'name': 'Some data',
    'column_names': [
      'Date',
      'Open',
      'High',
      'Low',
      'Close',
      'Volume'
    ],
    'frequency': 'daily',
    'type': 'Time Series',
    'premium': false,
    'data': [
      [
        '2016-02-18',
        38.65,
        39.1,
        38.4,
        39,
        6588471
      ]
    ]
  }
}
```

圖 15：應用程式介面以 JSON 格式輸出表格內容的結果。

起了。這意味著他們以階層形式的JSON陣列儲存表格。這很令人困惑，人們也很難寫軟體來使用它。這意味著處理這份資料所需的工作量會超出合理範圍，任何從此資料獲取的價值都會因而下降。

此案例的第二個問題是，他們在資料節中使用混合型別陣列。這代表陣列中各個元素的資料型別[08]不一致，混合了日期、文字、整數和小數。這暴露了應用程式介面開發者（即資料生產者）的持有的一項假設，顯示出他們沒有考量資料消費者的需求。資料生產者假設資料消費者使用的程式語言是動態型式語言（dynamically typed language）[09]，可以處理混合型陣列 —— 像Python或JavaScript就能處理，但像Java、C#或F#等強型別語言（strongly typed language）[10]就沒辦法那麼做，它們會預期陣列中的條目全是單一型別。有些陣列之外的資料架構允許混合類別，但是JSON的標準並沒有這類規格，只有關於陣列的規格。這意味著使用強型語言來剖析這個JSON的資料消費者需要回歸文字類別（字串），並在剖析該資料時辨認這些值的類別，再自己剖析這些值。這意味著資料消費者會有額外工作，這會降低他們從資料中所取得的整體價值。

以上是假設你能取得資料的情況。在下個段落中，我們會談到，人們甚至在取得資料時都可能受阻！

08　在此情況中，資料類別是指被使用的資料值類別，如文字、數字或日期。
09　在執行編碼時能解讀類別。
10　編碼對類別有嚴格規定，無法在執行編碼時改變。

怪異的驗證

安全性很重要。必須只有具授權者能存取資料，其他人不能存取。安全性措施等於是屏障。如果沒有妥善地帶著同理心運用屏障，任何必要屏障都會變成挫折的來源。

以應用程式介面的情況而言，任何呼叫都必須正確地受到驗證，以確保不是惡意呼叫。市面上有標準、廣受記載的認證方法，如OAuth 2.0，也有其他沒那麼高階系統，如HTTP Basic與URL Token Authentication[11]，適用於較不敏感的資料。

某些應用程式介面開發者自認神通廣大，自己建立晦澀或不尋常的驗證方式。這些驗證可能會運用較常使用於網頁，但不適用於應用程式介面的方法，像是要求該介面的使用者擷取並回傳一個cookie。

不尋常和晦澀的驗證方式缺乏同理心，因為別的不說，光是要執行這個形式的驗證，就需要創建一個客製化存取程式庫（custom access library），花錢又耗時。

◉ 為什麼會出現欠佳的應用程式介面行為？

架構

資料架構和軟體架構不同。選擇兩種方式的哪一種，端看創造

---

11 在此情況中，存取密碼會作為網頁呼叫的URL的一部分，如：?token=XXXX-XXXX-XXXX

系統的人採取什麼觀點。應用程式介面往往是從軟體架構[12]的觀點建構的。於此，軟體架構的假設與應用程式介面的資料遞送並不相配。沒有檢視假設是缺乏同理心的行為。

軟體架構是根據以下觀點建構的：

1. 它們旨在將特定功能輕鬆地傳送到整體應用程式中。
2. 它們具備前置的清晰度和疊代性（iteration）。
3. 它們具有強耦合（strong coupling）[13]，內部來說如此，與它們的領域間也是如此。
4. 其資料儲存典範是預先設計的資料庫。

現代資料架構是根據以下觀點所建構的：

1. 它們旨在為存取與工作提供靈活度，同時確保安全性。
2. 它們是以使用者需要實驗和探索的觀點建構起來的。
3. 它們寬鬆且靈活，沒有高強度使用案例或領域耦合[14]。
4. 它們的資料儲存典範是資料湖（data lake）[15]。

12　軟體架構是組成軟體系統的部件的配置與結構，它通常是以功能遞送的觀點來設計的，而不是以資料產品的觀點來設計的。

13　強耦合是指系統中的元素緊密連結在一起；試想兩個連結的火車車廂 —— 一個車廂移動，另一個車廂就會跟著動。

14　領域耦合是指將一個軟體系統運作的方式與軟體所處的環境連結起來。寵物、珠寶、醫療照護、兒童故事、物理，都是一種領域。

15　資料湖是一種資料儲存方法，它不需要預先設計好的儲存綱要；資料會以來源格式儲存，需要時才處理成新格式。

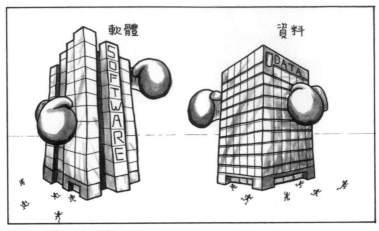

圖16：兩種對立的架構

　　針對上述關於社群媒體應用程式介面的例子，筆者推測該介面的開發者和業務人員沒有考量歷史資料對於其顧客的價值。他們沒有想到有人會希望做出那種查詢。另一方面，他們將那視為賺錢的機會，而犧牲了實用性。

重視商業模式勝過重視同理心或效率

　　這並不令人驚訝：企業是為了賺錢而存在的。有些商業決策意味著資料的遞送會直接與商業模式連結。這種往往是經過仔細思量而下的決定。然而，同理心往往不是那個決定過程中的關鍵。我們作為科技技術人員的義務是要確保企業了解服務使用者的需求與感受。長期來看，較佳的使用者體驗能促成更成功的企業。為了提高獲利而提供不佳的體驗是非常短視的策略。

在上述關於社群媒體應用程式介面的例子中，同理心與商業模式的平衡過度傾向商業模式。應用程式介面向資料消費者提供他們所購買的關於社群媒體互動的實用資料。限流系統讓資料的存取變得耗時，削弱了資料的價值。即使資料提供者的限流理由是要管控運基礎建設資源的取用，這仍等於是把自己的基礎建設問題變成使用者的問題。這是缺乏同理心的行為。

● 良好的行為是什麼樣子？

投注技術上的努力來滿足資料消費者，並解決資料提供者的限制。

針對上述關於歷史資料的情況，資料提供者可以提供批次應用程式介面（batch API），讓使用者能一次大批地提交請求，讓應用程式介面使用者有更好的體驗。標準的應用程式介面具有呼叫與回應模型，當使用者提出呼叫時，他們預期能立刻收到回應，這意味著他們的編碼會等著。批次應用程式介面收到請求後會將它視為待辦事項，並告知使用者它已接受請求，請使用者之後再查看資料。雖然多數資料消費者會更希望能立刻取得資料，但批次應用程式介面能根據資料提供者滿足請求的能力，來調整使用者的期望。對於生產者和消費者來說，這個方法都更顯現出同理心，也更能調適雙方對同理心的期待。

限流與適當懲罰

　　某氣象應用程式介面有個很明確易懂的限流方法來協助平衡資料消費者的好壞行為。該應用程式介面的每個權杖帳戶（toekn account）都能透過良好行為（不超過流量限制）獲取點數，如果行為不良（超出流量限制）則會受罰。因此，使用者在有需要的時候，可以超出流量限制幾次，但如果超出太多次，就必須將帳戶升級到費用較高的等級，以提高流量上限。此系統展現了高度同理心，讓資料消費者可以合理地平衡使用方式。

標準

　　資料檔案、格式和應用程式介面通常需要文件化的定義。當一個格式或程序很普遍且被廣泛共享時，這份文件就可以作為標準。標準是被廣泛接受、旨在定義細節的一套規定。各位可能聽過國際標準化組織（International Organization for Standardization，簡稱 ISO）[16]，該組織的宗旨是發展與維護標準。

　　標準幾乎涵蓋所有事物，從程序、方法一路包含到資料格式和科技。科技與資料的世界中有許多標準涵蓋了有關事物如何運作的協議。

　　資料格式是商定的標準，不是一項技術。舉 JSON 為例，它之所

16　更多詳情請見：www.iso.org。希望大家有注意到一個諷刺之處：該組織的完整名稱字首縮寫應該 IOS，但卻是以 ISO 為人所熟知。

圖17：標準能讓燈泡發亮

以會成為受歡迎的資料格式，完全是拜其標準所賜。標準意味著只要軟體是按照標準編寫的，人們就可以直接使用被給予的資料。如果你說你使用JSON，那麼別人就會預期你遵循其標準。

我們日常中使用的許多科技都受到標準驅動。全球資訊網（the World Wide Web）的基礎是超文件標示語言（HTML）標準以及許多其他由全球資訊網協會（World Wide Web Consortium，簡稱W3C）管理的標準。

產業會制定標準來幫助其營運商之間能更有效地合作。舉例而言，汽車產業中的控制器區域網路（CAN bus）標準定義了汽車中哪些組件會與資料進行溝通，以操作電子控制系統，如防鎖死煞車系統（ABS）、動力轉向或自動擋風玻璃雨刷等等。生活中許多你意想

不到的部分都受到標準的規範，從插頭和插座到木用螺絲，不一而足。標準有助於分散於各處的一群人共同工作，而不必不斷建構連結他們的介面。

標準是一個高度發展的技術同理心領域，人們很容易能運用標準。其開發過程必須仔細考量和討論標準的潛在使用者有何需求。這有助於人們快速對該標準產生信任。想想以下對話：

> 資料生產者：我們會提供你訂製格式，包含此份地理資料的客製綱要。
>
> 資料消費者：我怎麼知道如何讀懂這個資料格式？
>
> 資料生產者：喔！我們會提供你一份十四頁的 PDF 文件，你可以自行編寫剖析器。

再比較以下對話：

> 資料生產者：我們會提供你符合標準的 JSON 地理資料檔。
>
> 資料消費者：好。

第二個情境的資料產品較有價值。處理該資料所需的工作較少，所以資料的使用價值不會被稀釋。

然而，被忽略的標準等於無用。如果人們號稱使用標準，但實際上卻忽略標準，那更糟糕。在此例中，最常遭到濫用的標準是 CSV。

更糟糕的是，如果發展一項標準會耗費大量精力 ——這是肯定的 ——那麼忽略或濫用那項標準就代表所有努力都白費了。因此，你不僅是在浪費資料消費者的時間，也不尊重在市場中致力推廣技術同理心的那群人。

如果你覺得自己不在乎標準，那假設你收到一個宣稱符合標準，但實則不然的資料集，你會有什麼感受？

舉一個真實的生產系統為例。該系統旨在透過電子郵件檔案，將銷售資訊提供給透過行銷活動販賣門票的公司。我們姑且先不討論他們如何以高額售出其應用程式介面，價位高到大部分能受益的公司都負擔不起；也暫時不探究他們以電郵交付給資料消費者的資料有三種格式（其中一種是PDF檔），先將注意力放在其CSV檔上。

在此例中，交付的資料是日期以及不同型別的數值。如下：

Date 日期	Revenue 收益	Margin 利潤率	Individual 個別銷售
2014-10-01	€10,100.50	6.5%	€12.50

圖18：資料表格

符合標準的CSV列表示法會是：

2014-10-01,"€10,100.50",6.5%,€12.50

請注意，使用千位分隔逗號，意味著收益金額需要使用引號。以下是該產業生產系統的輸出結果：

2014-10-01,""€10,100.50,6.5"%"€12.50

我們很容易將這視為編碼錯誤。然而，這卻一路成為生產結果。導致標準濫用的一連串事件令人震驚。CSV的匯出結果不但未受標準檢測，而且還積極地使用非必要引號。這意味著開發者撰寫了替輸出資料加上引號的編碼，但卻沒有使用符合標準的程式庫。更糟糕的是，資料消費者極不受重視，收到產品後需要自己看著辦。這意味著，若要正確處理這份資料，就需要編寫訂製的剖析器，導致涉及資料產品的兩方都需要浪費時間和精力，進而造成容納生產者、產品以及消費者的更廣大系統變得更脆弱。如果生產者改變CSV的輸出編碼，使其符合標準，那資料消費者的編碼就會失效。

優美的標準

有個出眾的ISO標準值得特別一談。這項標準十分優美且富有全球性同理心，它的存在讓世界變得更好（前提是它沒有被忽略）。

ISO8601。

ISO8601是書寫日期的標準化格式，旨在提升全球性的溝通品質。世界各地都有許多各自書寫日期的方式；其中，許多以精簡數字寫成的日期彼此衝突。

譬如說，「12 ∕ 01 ∕ 1980」在英國是一九八〇年一月十二日，但在美國卻是一九八〇年十二月一日。更糟的是，當第二個數字（此例的01）小於十二時，你甚至無法靠一年有十二個月的邏輯來推算數字代表月或日。

上述日期在ISO8601格式中是1980-01-12，時間單位從大到小排列，在完整標準格式中會接續著時、分、秒、毫秒。

這項格式在資料中常常完全受到忽略。資料生產者和資料消費者各持假設。

在資料界中，也有許多ISO8601的替代方案，它們時常在不同地方受到使用。例如：

UNIX時間。它以從1970-01-01算起的秒數來表示時間。這個表示時間的形式極為普遍，因為它作為數字易於儲存，相較於ISO8601的文字格式，在電腦系統中的使用起來更直接、有效率。然而，它目前已是十位數數字，人類難以閱讀和理解。

斜線格式。在英國，此格式是「日／月／年」，在美國則是「月／日／年」。這可能造成的混淆是，如果「日」小於或等於十二，在沒有其他脈絡的情況下，就不可能知道使用的是哪個版本，對人類或機器都是如此。

作者菲爾坦言，他在參與開發上一個應用程式介面時，遺漏IETF RFC RFC7807標準。該標準詳細說明HTTP應用程式介面如何呈現錯誤。正如你在使用ISO8601或其他任何標準時一樣，尋找標準、思考標準，並加以記錄你遵循的標準，是更體貼他人的需求與感受的做法，是更有同理心的行為。

純文字（特別提及）

所謂純文字並不存在。所有文字都遵循某些關於如何將存儲在磁碟上的二元碼轉換為字元表示法的標準。以下列舉一些例子：

美國資訊交換標準碼（American Standard Code for Information Interchange，簡稱ASCII）是相對較小的字元集，它的設計著重於考量英文字元以及開發當時的機器限制。

UTF8/UTF16是兩種可變長度編碼，可容納所有110萬個有效的萬國碼（Unicode）碼點（code points）。

如果不知道使用的標準是什麼，就很難正確地處理文字。在所有情況中，CSV、JSON、XML、YAML、HTML等檔案都是以文字形式保存。它們都是以遵循某個標準的編碼的形式存在。當今最常見的標準是UTF8，但我們絕不該假設人們總是使用它。

同理心與標準

使用標準是展現技術同理心一個很好的方式，因為那顯示你考量到他人會如何接收你的資訊產品、如何與其互動。若你能記錄你使用了哪些標準、使用原因是什麼，對於希望從你的工作成果中獲取價值的人來說，這份紀錄會很有價值。

某些標準會變得過時而需要改變，記住這點很重要。任何美好的事物在變得極端後，就會趨於負面，標準的遵循也一樣。就以上述美國資訊交換標準碼和萬國碼為例好了，在現代的全球資料文化下嚴格遵循美國資訊交換標準碼，將會限制你處理其他地區的資料

的能力，進而限制你的成功。

　　重點是要記得：任何標準都一樣，如果被忽略了，就等於毫無用處。

工具

　　在資料工作中，你有許多不同種類的工具可使用——包括取得資料、儲存資料、改變資料、將資料格式化，對資料進行運算的工具。每種工具都帶有「你應該如何處理資料」的觀點。到頭來，你會使用你喜歡的工具，別人也會使用他們偏好的工具。在工具方面，同理心的重點在於了解他人是受到哪些需求與感受的驅使而選擇特定工具，以及這個選擇會帶來什麼後果。

你的工具

　　你在處理資料時所使用的工具會對你處理資料的方式產生隱性的影響。如果你能退後一步，試圖理解其中的原因，這份理解將能引導你對他人以及其工具產生更人的同理心。

　　在擔任資料生產者和資料消費者的角色時，你都會使用這些工具。針對工具思考相反角色的情況，將能幫助你對於「事情為何如此」有更好的理解。

　　我們所談論的工具涵蓋廣泛的資料科技，包括但不限於：資料庫（關聯式、非關聯式、SQL、NoSQL —— 任何能儲存資

料的形式）；程式語言 —— 靜態語言（static typed）、動態語言（dynamically typed）、物件導向語言（object oriented）、函數式語言（functional）、劇本式語言（scripting）、解釋語言（interpreted）、編譯語言（compiled），與編造語言（made up）；程式庫（架構、程式庫、軟體開發套件）。工具可以是你自己創造、下載或購買的工具，包含透過應用程式介面所使用的工具，或是直接來自你的技術堆疊（technology stack）的工具。沒錯，任何你用來處理資料的東西都能稱作工具。

在以下段落，筆者將分析工具內可能隱含的假設，並試著提供各位在工作時可能希望尋找的另一種觀點。

綱要再度抬頭

討論與工具相關的綱要時，最簡單的方法是從關聯式資料庫管理系統（RDBMS）談起。資料工作者不太可能沒遇過某種形式的關聯式資料庫管理系統。自一九七〇年代，資料就開始被儲存在這個典範中，且原因很充分：這個儲存和汲取結構化資料的方式理論健全，能產生快速有效率的結果。然而，關聯式資料庫管理系統以及圍繞著它所建構的系統都帶有兩個強烈的核心假設。

第一，資料會以表格呈現。

第二，系統會被預先設計。在需要儲存資料之前，你就知道要收集什麼資料，而且會有時間和能力在需要載入最後的資料集前先為它設計綱要。

系統的所有其他功能（索引、分頁、分配、佇列、計畫等等）都是基於這兩項假設。有很長一段時間，關聯式資料庫管理系統是獨霸的資料系統。對於許多企業來說，它仍是核心資料驅動營運（data-driven operations）的支柱。

許多人的職涯和技術身分都是圍繞著這項技術以及對它的理解建立起來的。這項技術自成產業。

關聯式資料庫管理系統以及以它為基礎的產業內的強烈領域耦合影響廣大，範圍從與資料互動的程式語言和系統，涵蓋到終端使用者以及他們對於系統運作方式的期待。

然而，高度模式化的表格並不是處理資料的唯一方式。這些表格並非處理所有資料最好的方法；事實上，它們還為資料工作帶來限制，特別是在處理某些現代資料工作的時候，因為那些情況是關聯式資料管理系統開發當時難以想像的。

綱要本身必定會摧毀價值。這是肯定的，因為它們是圍繞特定目的設計的，而不是要普遍接受所有可能性。

從關聯式資料管理系統的資料建模者觀點來看，在設計結構時必須透過妥協來實現一組定義明確的功能要求。也就是說，任何改變都需要受到這些功能要求的檢驗。

資料生產者和資料消費者在工作上都需要意識到綱要的影響。對於資料生產者而言，了解資料消費者在綱要方面的需求與感受，是很重要的。

想想以下問題：

- 他人是否高度期待看到明確的綱要。
- 資料消費者是否希望在獲得存取權前先了解資料結構?
- 他們是否預期所謂的反正規化資料集(denormalised set)(將重複資料刪除,形成表格集,表格之間互相參照)?[17]

假設資料是在正規化的JSON中生成的,則資料消費者需要進行大量工作,才有辦法將資料放入目標資料系統中。先前提過,非必要的額外工作會削減資料產品的價值,這會讓你的工作成果在資料消費者眼中變得沒那麼成功,因為那等於是要求他們一概接受別人的工作成果。

相同地,對於綱目、表格和關係的高度預期,可能會使習慣於隱含結構階層文件的使用者在面對資料產品時遭遇困難。

在二〇一八年的一篇部落格文章中,無伺服器軟體開發(severless software development)倡導者暨新創公司技術長保羅‧約翰斯頓(Paul Johnston)寫道:

對程式碼庫與資料進行解耦能降低資料的僵性。如果資料分布於多種服務/功能,就會有資料耦合的情況,這代表僵性會偏高。

---

17 請見:'Third Normal Form', Wikipedia,網址:en.wikipedia.org/wiki/Third_
   normal_form。

這為什麼重要？因為資料和程式碼的僵性會削弱新增功能的即時性。

讓程式碼庫變得更有彈性，以順應僵硬的資料結構，會消耗時間，進而削弱功能新增的即時性，還會提高出錯的機會。

事實是，僵性是經過一段時間逐漸產生的問題。所有解決方案起初都相對有彈性，然後才變得僵硬。許多開發者都沒有將這個元素納入考量，這主要是因為他們在建構專案的過程中不需要這種考量。

所以，我為什麼不喜歡無伺服器解決方案的關聯式資料管理系統？沒錯，因為你必須了解它們如何擴展，但是該技術固有的資料僵性也是一個原因。它讓發展隨著時間變得困難。[18]

我們可以看到，保羅是從應用程式開發的角度討論關於資料系統脆弱性（資料僵性）的相同主題。

先前在描述關於應用程式介面的欠佳行為時，筆者曾簡短提到過資料型別。延續保羅的應用程式觀點，下個段落將史詳細探討資料型別。

18　出處：Paul Johnston, 'On Serverless and Data Rigidity', Medium.com, 20 November 2018，參見：medium.com/@PaulDJohnston/onserverless-and-data-rigidity-9a77eb56d73a

型別

在程式語言中，型別定義了如何使用變數來幫助編譯器（compiler）與直譯器（interpreter）了解該做什麼。變數型別的例子有：整數（integer）、浮點數（float）或字串（string）。變數是小片段資料的臨時儲存，程式會用它們來達成目的。程式工程師在編碼中建構型別和變數的方式十分類似先前提過的資料儲存系統綱目。

不同的程式語言處理型別的方式也不同（這在應用程式介面的段落中討論過）。沒有對或錯的答案，只有關於如何處理型別的不同思想流派：顯式強型別（explicit strongly typed）、隱含動態型別（implicit dynamically typed）、隱含強型別（implicit strongly typed）。

- 顯式強型別語言預期工程師在編碼中會定義所有型別（不匹配的型別在編碼中會被標示為錯誤）。
- 隱含動態型別語言會「幫你把問題帶過」（不匹配的型別在程式運作時會造成問題 —— 但不會在編碼中作為錯誤呈現）。
- 隱含強型別語言不會要求你在編碼中具體說明型別，但是會在執行編碼前檢查型別的一致性（不匹配的型別在編碼中會被標示為錯誤）。

菲爾偏好隱含強型別語言，因為它們能讓你有效率地思考編碼，但又能快速抓到錯誤。

關於資料處理，你的偏好（或是你在特定程式語言方面所受的訓練）將會影響你使用編碼建構資料產品的方式。在你思考真實或潛在的資料消費者的需求與感受之前，這種自私的方式會持續下去。如果你是資料消費者，對資料生產者發揮同理心，將有助於你更加了解資料產品，從而減緩你在與他們的成品互動時可能會產生的挫折感。

在先前關於應用程式介面的段落中，有個例子是陣列結構中有多種型別的資料（日期、數字、文字混用）。這會對於無法以動態型別方式工作的人帶來問題，進而減慢資料處理的速度，並使系統更容易出錯。

另一方面，顯式的型別定義可能會造成資料產品膨脹，其結構與型別資訊的傳遞方式會讓結構與內容比率變差。

同理心能幫助你在綱目和型別之間取得對的平衡。請記得，沒有所謂對的答案，而理解資料產品兩方的需求與感受會使你更成功。

開放性

開放原始碼是一種讓人們能共享原始碼的軟體開發方法。談及數位工具 —— 尤其是涉及資料處理和機器學習時 —— 開放原始碼開發是人們偏好的方式。如果各位還沒讀過艾瑞克・雷蒙（Eric S. Raymond）的書《大教堂與市集》（*The Cathedral and the Bazaar*）[19]，

19　Eric S. Raymond, *The Cathedral and the Bazaar: Musings on Linux and Open Source by an Accidental Revolutionary* (1999, O'Reilly Media).

今天下訂會是個不錯的人生決定。簡而言之，開放原始碼是軟體開發中的強大意識形態，從學術的觀點來看尤其如此，因為人們對的它信任是建立在詳細的可檢查性（inspectability）和深刻的技術理解上。在商業中，身為開放原始碼專案的一員，並使用這種方法所產生的軟體，能幫助你取得在你自身企業中不可能生成的廣泛技能和點子。有句話這麼說：「多雙眼睛讓錯誤難以遁形。」能夠與世界各地的人進行分享和合作開發軟體、交流解決方案是一件很高尚且極為強大的事。即便有些人可能永遠不會查看自己所使用的開放原始碼模組的原始碼，然而他們知道「有需要就能查看」，這個事實為他們帶來信心。進行資料工作時，我們必須考量他人對於不同面向（如開放性）的需求與感受。

以寫編碼為生的人會從自身技術中獲得深刻而有價值的滿足感。他們會盡所能想建造出最好的東西。將編碼形塑成漂亮的功能形態是一股深刻且重要的驅動力。能在工作中獲得滿足，代表工作會做得更好。身為開放原始碼軟體世界的一員使他們能獲得這種滿足感。這滿足了一個明確而重要的需求。重點並不只是在於取得免費的軟體與開發者而已。[20]

開放原始碼不是生產和傳遞軟體的唯一方法。封閉套裝軟體（closed source packaged software）或軟體即服務（Software as a Service，簡稱SaaS）一樣有效，且呼應了另一種需求和感受。針對

20　沒這種事。如果你曾這麼想……還是別了。

所使用的軟體，許多企業界人員都想要取得服務等級協議（Service Level Agreements，簡稱SLA）和保障。他們接受自己永遠不會有所需資源或技能來檢視自身系統的原始碼，但是他們仍然想善用軟體能提供的效益。使用軟體即服務（會透過瀏覽器網頁或應用程式介面交付），外加企業服務等級協議和支援，或下載已編譯的二進位文件作為服務使用者（user-facing）的軟體或代碼程式庫，可能是最適合的選項。

關鍵是要專注於從軟體中獲得的價值，並考量那些致力於創造更高價值和改善組織成果的團隊有什麼需求與感受。

深富技術性、熱衷於精細和準確的演算法的技術開發者所認為重要的東西，往往與想以最快速度替客戶創造價值的企業領導者大不相同。運作比完美更重要 —— 換言之，一個運作良好，足以支撐現況的軟體，往往會比還正在開發、可能將來某個未知的時點變得完美的軟體還好。

最小可行性產品（Minimum Viable Product）—— 即滿足最低價值門檻的產品 —— 可以幫助你學習，它們能帶來回饋，進而促成改版和改善；而對於完美演算法的追求，往往只是一種練習，與真實世界沒有連結。

上述兩個例子都不是「正解」，只是商業中關於軟體的意識形態。某人或某方可能會感覺它們是正確的，因此當不同意識形態之間出現衝突時，場面就可能會很火爆。了解各個團體的需求與感受，無論他們是開發者或商業人員，都有助於開啟關於雙方緊張關

係的正面討論；這有助於雙方找到能夠幫助他們取得成功並在工作中獲得滿足的平衡。

人工智慧領域的機器學習使這項討論變得甚至更重要了。簡短來說，機器學習是從資料中生成軟體的過程。總歸來說，這項學習的過程是讓演算法以大致合乎數學的方式自動迭代一組參數，直到建立起一個模型（一個派生軟體）為止，而且該模型必須能在面對新資料時，以統計上（或可接受的）可靠的方式運作。

人工智慧涉及將一個或多個模型應用於可採取自動化行動的渠道。

在某些情況中，例如決策樹（decision tree）[21]的情況，機器學習的成果與任何軟體一樣可受檢查和理解，而參數是否從資料中自動學習而來並非重點。然而，在許多案例中，機器學習的模型（尤其是由深度學習生成的模型），不是很難受到檢查和解釋，就是根本不可能這麼做。很多時候，就算可以檢查個別部分，神經網絡的能力也大於部分的總合。這挑起了關於編碼可檢查性的價值的質疑。若機器學習的成果繼而透過應用程式介面作為服務來傳送，而使用者只能單純使用，那麼唯一可以受到檢查的部分就只剩該服務的使用結果。那它實際上就是個黑盒子。

這是無法解答的情況，同樣沒有正確或錯誤答案。若要解開死結並向前行 —— 通往某個結果、通往成功並創造價值 —— 最好要

21　用來呈現決策不同階段的表格或模型，其中每個分支都代表一個特定決定或答案的可能後果；也是呈現演算法的一種方法。

運用同理心。與其花時間和精力去建構越來越複雜的論點來證明你的信念為何比其他人「更正確」，應該要拿這份時間和精力去考量對方的需求與感受，發展出能讓情況與成功離得更近的主張。

在任何需要透過擴展努力來釋放價值的情境中（例如程式設計），帶有同理心的做法能平衡三件事：

1. 結果價值的風險。價值有可能被由工作方式引起的一個或多個已知因素摧毀嗎？例如，如果你租用某項服務，該服務可能被關閉，使你無法從該服務中汲取價值。如果該服務附帶合適的服務等級協議，就能降低此風險。

2. 工作者的滿足感。許多習慣管理他人工作成果的人常常會遺忘這點。然而，當工作能帶來刺激與滿足感 —— 特別涉及價值極高且仰賴人類智力的工作時 —— 工作成果的品質會更好。要求機器學習專家「呼叫應用程式介面」，不會使他們得到工作上的滿足；他們會比較想設計演算法。

3. 達成價值的時間。這純粹是指實現價值所花費的時間。如果完成工作的時間成本大於創造的價值，那就不值得做 —— 除非它能顯著降低風險或提升工作滿足感，讓效益大於時間成本。

所有這三件事都要達到平衡，工作才可能真正達到成功。

開放資料

如同開放原始碼軟體，資料的重要性在受到廣泛認識後，開放資料也開始興起。開放資料是旨在促進公眾福祉而公開分享的資料。舉例而言，英國政府各部門會在 data.gov.uk 網站分享任何人都能取用的資料資源。另外還有英國開放資料協會（Open Data Institute）[22]，其宗旨是「與公司及政府合作建立開放而可信的資料生態系統，使人們能運用資料做出更佳的決定，並管理任何有害的影響。」它也提供包括資料倫理指引（Data Ethics Canvas）[23] 等一系列實用工具來促進對話。

各位可能猜想得到，本書基本上十分支持開放資料。然而，分享為上的原則──即分享任何可取得的資料（不論其形式）勝過不分享──意味著許多分享的資料產品都不帶同理心。舉例而言，你可能會看到資料集以 PDF 檔或是難解的電子表格結構呈現。平心而論，在許多例子中，分享者都無意將檔案作為資料，而是要作為用於特定目的的報告。

圖 19 中的資料是以 PDF 呈現，而且資料的累積時間也不一致。如果所有資料工作者能發揮同理心，時間久了，這類情況就會比較少發生，而人們在開放資料工作上投入的努力，也會有較好的回報。

22　請見：theodi.org。

23　出處：'What Is the Data Ethics Canvas?'，Open Data Institute，參見：theodi. org/article/data-ethics-canvas。

Data links

Link to the data	Format	File added	Data preview
November 2018	PDF	27 February 2014	Not available
October 2016	PDF	27 February 2014	Not available
July–September 2008	PDF	27 February 2014	Not available
August 2000	PDF	27 February 2014	Not available
July 2008	PDF	27 February 2014	Not available

圖 19：data.gov.uk[24] 的螢幕截圖

社群

在考慮要使用什麼工具進行資料工作時，你應該透過同理心的視野，考量工具的社群。工具的社群是由其使用者以及開發者組成的。

社群如何學習

在加入社群時，思考該社群如何學習，將有助於你將自身的學習方式與社群成員的預期接軌。舉例而言，某些人的學習方式是大量提問。對於預期學習者會先進行大量閱讀的社群來說，這種迂迴的學習法很惱人。如果社群是透過閱讀來學習，相關的文獻、書

24 　出處：Ministry of Justice, 'Average Time from Arrest to Sentence for Persistent Young Offenders', data.gov.uk, 27 February 2014，參見：data.gov.uk/dataset/15a1a22c-4635-4a4c-ada7-f62601851a6d/average-time-from-arrest-to-sentence-for-persistent-young-offenders。

籍、維基百科、文章可能相當豐富，社群也會預期新進使用者透過閱讀學習。

別種工具則可能有非常活躍的論壇，人們會在論壇中詢問該工具如何運作，且問題涵蓋「初學者」到「進階使用者」的情境。這個方法可以延伸到關於開放原始碼專案的儲存庫情境。進階使用者可能會依據新使用者的程度，標記他們應該有能力解決的錯誤，或有能力執行的功能。這意味著新使用者能找到前輩希望他們能從中學習的工作。

從網頁搜尋開始著手最好，例如搜尋「＜工具＞文件」或「＜工具＞維基」。接著上程式設計問答網站 Stack Overflow[25]，對工具的使用量先有一點概念。如果找得到關於特定工具的 Stack Exchange[26] 論壇，那你就得以一窺該工具社群的樣貌。如果工具是以編碼為基礎，那你可以上 GitHub[27] 尋找與該工具相關的儲存庫，一窺相關工作的活躍程度。最後，你可以上網路書店，看看相關的出版情況，你或許找看到一系列關於如何在不同情境下使用科技的文本，或是只找得到幾本核心參考書。這些都能幫助你了解社群的學習方式。

社群如何描述自己

一個社群用來自我描述的詞彙有助於定義相關工具的文化。例

25　網址：stackoverflow.com。
26　網址：stackexchange.com。
27　網址：github.com。

如，特定程式語言的編碼者傾向稱自己為駭客還是是工程師？特定社群較常使用企業用語還是俚語？如果工具是以編碼為基礎，其程式庫是如何命名的呢？是高度技術化的縮寫，或是較隨性和奇怪的名稱呢？你找到的專案範本或編碼樣本是如何被命名的？它們是什麼樣的範例？

開始使用一項工具工作時，最好請教有經驗的人。在此情況下，藉由學習他們的語言和表達方式來對他們發揮同理心，將會使你更成功。

當你在使用一項工具工作時，你會思考如何將它介紹給新的使用者嗎？如果有人在形容工具時表達錯誤，或是他們提出的比喻過於正式，你會感到不自在嗎？

社群如何使用工具

任何工具都是為特定需求所開發的。社群對於新的工具持開放態度嗎？有些社群會擁抱所有新工具，有些社群則會較為抗拒，認為那些工具只適用於特定領域。當你尋求協助，並以自身經驗作為例子時，雙方可能都會先經歷一段調適期，問題才會轉趨明朗。

如果你是某社群的一員，而新使用者提出了社群工具的新用途，社群是如何處理這件事的呢？社群會歡迎這個新可能，還是先抵抗呢？了解如何接收和傳遞工具的新用途將能使你更成功。

每個社群都會隨著自己所使用的工具學習和演變。科技社群尤其如此。多數社群都只在特定範圍內具有可塑性，因此可能發展得

頗緩慢。只要社群中的進階和新進使用者都能發揮同理心，社群就能變得豐富，並且為所有工具使用者帶來幫助。

產業

就像任何技術團體，產業會有一套它用來完成工作的工具。這一套工具會隨著時間演化。如果你做資料工作，你會有能力在任何產業中工作。這意味著你若要取得成功，就必須了解所處產業的工具。學習你所處產業中的工具是技術同理心的實踐形式。

雲端嫌惡／雲端優先／雲端原生

雲端是一種運算方式，使用者不必擁有或租用資料中心的伺服器，就能透過提供雲端平台的公司獲得這種運算能力。雲端平台就像一套高度專業化的全球分布式資料中心，旨在提供隨選的可擴充存取服務。雲端為組織的運算能力帶來靈活性。你無須購買伺服器和數年的容量規劃，而是可以租用運算能力，並隨需求擴充。

筆者在職涯中有幸與種類廣泛的企業互動；然而，我們在雲端資料和人工智慧領域中工作時，特別發現這些公司都至少有一些雲端意識。有許多人像筆者一樣，屬於雲端原生[28]或雲端優先[29]的使用者。對沒有雲端能力或甚至嫌惡雲端[30]的公司發揮同理心是很重要

28　生於雲端；了解雲端運算是當代運算環境中不可或缺的部分。

29　擁抱雲端的優勢，認為任何系統都應該優先透過雲端運作，只有在有絕對必要的情況下，才會選擇其他情境。

30　抗拒使用雲端科技。

的。對於採取不同方式的產業人士來說，對接受雲計算的人發揮同理心也很重要。

金融業在更廣大的技術社群中因為嫌惡雲端而惡名昭彰。這可以部分歸因為該產業的運作受到嚴密監督；該產業的運作方式、資料儲存位置、哪些資料能被儲存，都受到法律約束。資料洩露或外流的代價可能高得令人咋舌，在罰金和失去客戶信任方面皆然。

諸如這類產業都在探索混合式情境，希望將雲端與非雲端系統連結起來，以便在利用雲端優勢的同時，仍能避免某些風險。

還有一些個人和組織基本上就嫌惡雲端。這背後的原因眾多，必須加以了解才能探索他們的立場。筆者在工作中遇到的經典例子涉及沉沒成本謬誤；人們投入巨資在雲端之外建構自己的系統，而這個決定會使他們背負聲譽責任。雖然雲端的優勢令人信服，但要放掉舊有的運作模式，仍需要極大的個人成長與力量。運用同理心來看待這些感受，將有助減少你與這些人工作時的挫折感。我們都曾投資自身技能，也曾因為下了特定決定而使自己的名譽受到威脅（即便我們自認是以科學方式工作也如此）。

另一方面，即便你不喜歡雲端，別人可能也會針對你組織內部的問題，提出以雲端為基礎的解決方案。你必須對這些人發揮同理心，以便建立成功的工作關係。新進入就業市場的人，無論他們是來自不同產業或是來自學術界，都已經準備好要將其技能應用在你的產業和問題上了。你的產業或組織的狀況可能會限制新進人員有效工作的能力。在這個情境中，雙方都需要同理心。

程式語言與程式庫[31]

程式語言與其程式庫有一套實踐、假設、模式、風格和方法來因應與電腦溝通的問題。任何一個程式語言，以及運用該語言製作的解決方案，都不是 —— 也永遠不可能是 —— 終極且完全「正確」。

Python是目前最受到偏好的資料科學語言，R語言位居第二。以其他程式語言和工具進行資料科學工作也不無可能。舉例而言，你可以在電子表格中成功分析一百萬列的資料。

程式語言或程式庫的用法會形塑該語言使用者處理資料的方式。這是自然而正常的現象，但仍需要被理解。資料生產者或消費者選擇使用的程式語言會對他們的需求產生直接影響。

舉個簡單的例子。若以Python使用Pandas[32]（一種常用的資料處理程式庫），它會預期你以表格工作。所以如果你的資料來自文件，你會導致資料消費者的額外工作。

筆者以Pandas為例的原因是，對於許多當代資料界的人來說，它很常見且令人感到親切。但在未來的人眼中，這可能會是過時的範例。

31 　相較於任何其他段落，此段落更可能挑起網路上深刻且持久的戰火。觸碰這個主題時要小心。

32 　請見：pandas.pydata.org。

資料生產者與資料消費者工具

對持反對意見的人發揮同理心時，你可能會需要對實際使用的工具建構理論。在許多情況下，你無法得知對方使用什麼工具。有時你必須根據他們的行為來建構理論，這種情況並不罕見。筆者會建議各位花時間將這個步驟納入你資料工作的一部分。希望本段落提及的所有工具、情況與案例，都能作為你思考的切入點。技術同理心的根本核心在於需求。這些需求端看資料生產者與消費者的工具與情況。

「工作的正確工具」與「最佳實踐」

這兩種說法極具欺騙性，其背後動機的自私程度，可能比你想的更嚴重。筆者想勸告各位，每當聽到這兩句話時，都要質疑其背後的動機、需求與感受。當有人要求你使用正確工具與遵循最佳實踐時，都要謹慎行事。肯定有些情況是這兩件事已經確立。如果真是那樣，你要確保自己了解這個事實。這是涉及同理心的關鍵技能。

正確的工作工具

「正確的工作工具」這個說法聽起來很像已經有人決定要將什麼工具應用在需要完成的工作上了。但這掩蓋了任何工作中往往都有兩種不同觀點。我們稍早討論過資料生產者和資料消費者的兩種觀點。

就語義來說，「正確」一詞可能涉及倫理、情緒以及技術層

面。以下舉筆者在工作中看過的情況為例（以下匿名描述以保護相關人員）。

某企業想尋求資料方面的成長機會，但是在證明資料的價值之前，無法將資本支出投入雇用新員工上。這是很常見的情境，而自由工作者／約聘人員和顧問公司能夠回應此需求。

上述企業與一群自由工作者短期合作。這些自由工作者教育程度很高，而且善於使用Python（當今最常用於資料科學工作的程式工具）。該企業的技術員工運用關聯式資料庫處理所有來自交易系統的資料。技術長與其團隊在基於雲端的虛擬機器[33]中建構了新的資料庫。

資料科學團隊與技術長與其團隊都從各自的觀點使用正確的工作工具。這些作為自由工作者的資料科學家，習慣被給予輸出檔來處理（通常是CSV檔案）。他們不知道如何透過Python查詢SQL資料庫並藉此存取資料。

技術長很惱怒，因為資料科學家理當是資料專家，卻無法使用正確的工作工具（SQL資料庫）。資料科學家則對工作感到挫折，因為技術長無法提供能讓他們使用的正確工具（Python）的資料。

雙方都沒有花時間了解對方的觀點（需求與感受），然後感到挫敗。雙方都認為自己給予了（或希望取得）正確的工作工具。如果他們有發揮同理心，本來可以更成功。在這個情況中，雙方都不

33　一種由軟體定義，託管在雲端資料中心，以遠端方式存取的工具。

對。他們沒有預期到身處的系統會改變，因此沒有討論要如何完成工作。如果沒有花時間使用同理心，你就不會質疑自身的核心假設。

最佳實踐

在資料科技改變還較緩慢的時代（為簡單起見，就說是雲端出現以前吧，大約是二〇〇六年以前），為了促進企業的資料工作，龐大資金開始投入關聯式資料庫科技。創新主要都集中在改善這種最初於一九七〇年代設計的模型上。關聯式資料系統的最佳實踐也因而產生，並在書籍和培訓課程中變得具體化。許多人的職涯都建立在他們能針對特定商業需求優化關聯式模型的能力上。科技公司花大錢競爭，要製造出這種模型最快速且最安全的軟體形式。

在許多著名的案例中，這個模型的運作都極為順暢。這個模型得以保留，並成為掌管交易情境的實質標準是有原因的。對許多人而言，SQL 代表資料，而資料代表關聯式資料庫系統。談及當代資料工作時，最佳實踐一詞值得我們存疑。這是因為可用工具改變的速度很快。當人們覺得自己的核心能力被某項活動打上問號時，往往會以最佳實踐當作抵抗改變的說詞。最佳實踐可以做為保護，也可能藏著批評。

若想繼續探索此思路，可以參考大衛史諾頓（Dave Snowden）提出的庫尼文架構（Cynefin framework）[34]，它有助於釐清情況。

34　請見：'Cynefin framework', Wikipedia，參見：en.wikipedia.org/wiki/Cynefin_framework。

此架構主要分為四個區塊，圍繞著中央的失序地帶（disorder）。四個區塊分別為：簡單（simple）、複雜（complicated）、繁雜（complex）、混亂（chaotic）。在簡單情境（包括改變緩慢的情境）中，人們能夠建立最佳實踐。但當改變速率太快，或是情況太複雜時，就只能建立優良實踐。繁雜和混亂的情境則各自需要新興和創新實踐。若想了解這個釐清情況的方式，可以多閱讀關於此架構的資料。這裡有一點與本書主題相關：要了解自身所處的是簡單或是複雜情境需要同理心；即用來理解事物的同理心，或是用來幫助他人接受「改變有其必要」的同理心。

我們發現不適用關聯式模型的情境，往往發生於更現代的資料情境。資料變得更複雜，而工具的轉變也太快，導致人們難以建立最佳實踐。舉例而言，關聯式模型在顯性階層綱目、圖表與時間序列[35]的情境中並不是最好的模型。然而，對於想要展開現代資料工作的組織來說，這些情境仍很有價值。

有一種情況可能是，處理關聯式系統的引擎具有額外功能來處理其他資料模型和情境，但這些屬於軟體功能而不是模型。有一些資料處理系統正在興起，而人們也在探索新的優良實踐。我們現在能對舊的最佳實踐提出質疑，並採取新的方式工作。自二〇一〇年以來，大數據的新興實踐已經開啟了許多不同的方法，而新的專家也從中脫穎而出。發生這種情況時，人們會不大高興；人們天生不

35　一系列隨著時間改變的紀錄。

喜歡改變，所以在許多方面會出現強烈的抵抗。同理心能幫助你在這個新景貌中找到方向。

這麼說也許會引起爭議，不過我們確實能夠批評，在商業情境中應用科學或統計方法作為最佳實踐是一種負面的行為。在學術環境中，科學方法的重要性優於速度。這沒話說！統計方法也是如此。

然而在商業環境中，時間可能受到限縮，所以相較於遵循嚴格的方法，人們更偏好在正確的時間達成某件事：安排會議、改變規定或法律，或做出必要決定。如果最佳實踐的科學或統計過程無法尊重這種時間限制，這些過程很可能會被繞過或忽略。

同理心登場營救。如果雙方 —— 就上方案例，即商業與科學人員或統計人員 —— 都能運用同理心的技巧，並理解對方的需求與感受，就能建立具生產力且更成功的關係。

筆者現在要來談談同理心崩潰的最後一個主要場域。各位也會再次看到「理解他人的需求與感受」這個主題。在資料工作的所有領域中，同理心都很重要，而且能幫助到你。在我們往下談到實際可用的同理心工具之前（這些工具說明了你確切能進行什麼事），我們將透過檢視同理心如何提升資料品質，說明同理心為何很重要，為此段落作結。

資料品質

信任

　　資料品質是讓人聽到可能就會想睡覺的主題。傳統而言，這是頗乏味的討論主題。然而，當你從人類角度思考它，並理解到它直接與你的工作品質相關，也與建構別人對你的資料工作的信任度相關，你就能開始理解這個主題多麼有價值和重要。

　　簡而言之，如果你的資料消費者——即接收你努力的資料成果的人——不信任該資料的品質，你就不會太成功。人們對資料和資料系統的信任是建立在整體景況中的廣泛元素上。同樣地，這個景況的運作如果失靈，信任就會遭受破壞。相較於在一開始建立和維持信任，重新建立信任需要更大的努力。

　　身為資料消費者，你需要了解並尊重資料生產者為了建立信任所做的努力。當人們只在乎答案時，很容易對這些努力視而不見。建立信任是一種積極的過程，而秉持同理心和合作的精神將有助於所有人都更成功。

傳統資料品質

　　若想探索什麼是傳統資料品質，最好的方式是自己探索。若你上網搜尋「資料品質公司」（假設是因為有人就這方面質疑你的工作），你會能夠找到與傳統資料品質世界相關的資源和組織。這

個世界與線索資料緊密相連，這些線索受限於名字、地址（實體或數位）與電話號碼等形式。你可能會找到以下條目：已故者辨識（deceased suppression）[36]、資料庫淨化（database cleansing）[37]，專門以其他領域（如信用評比或社會人口學資料）增強你的聯絡人資料庫的公司。所有這些舉措與服務都是為了可以將廣告資料投放給對的人。

這個傳統世界與科學或統計學上的關聯性或品質毫不相關。它與樣本大小、樣本組成、偏誤、關聯性、因果或相關性無關。它無法幫助你查驗你的資料的統計形狀，或任何其他你想做的事。

近年來，「資料品質」的網路搜尋結果變豐富了（關於這個主題的維基百科頁面近年來越來越完整。以前只涵蓋舊式的資料品質），但是比較多是與資料治理，而不是資料科學相關。

資料治理

本書撰寫期間，資料治理已榮登計算機科學最無聊領域的寶座。在最好的情況下，人們只會避開它。但在最壞的情況下，它會讓任何有用的資料對話變得一片死寂。這不只是筆者的個人觀點而已，資料治理工作者也同意此話 —— 自己問問他們！

但慢著……

資料治理應該是保護人們免於一切傷害（包括糟糕的軟體，乃至於人權侵害）的資料工作。資料工作中的同理心能加速促成關於

36　確保不會將廣告投放給最近過世的人。
37　將因為某些原因「選擇退出」的人移除。

資料品質和資料治理的對話。當你思考人們的需求與感受時，你會思考到資料包含的內容，以及它們是否適用於其目的，而不只是思考你的樣本大小是否足以訓練最新最酷的演算法而已。

在非常個人的層次上，你經手的可能會是關於人們的資料。這些資料是一探他們工作與生活的窗口。你在處理這份資料時，必須想著那些人，思考你的工作會如何影響他們。這裡談的雖然是資料治理這個領域以及它的演變，企業中的所有領域都需要這種對他人的考量。沒錯，這也包括對資料管道（data pipeline）編碼者的考量。

隨著新的資料安全以及個人隱私規範的出現 —— 如一般資料保護規則（General Data Protection Regulation，簡稱GDPR）的出現 —— 資料治理在商業界有了新焦點。規則開始受到遵循，而資料工作也在受監管的產業（從金融業乃至公用事業）中傳播開來，這意味著資料工作者對於治理資訊落在自身工作範疇的哪個領域需要具備意識。

資料治理作為一項組織功能的意義應該在於在任何組織內外都建構系統性的信任。它應該要是所有其他資料工作的基礎。

同理心與資料治理有很明確的關係（即便這層關係被規範性與合規性的法律語言弄得難以看透也一樣）。雖然討論現代資料治理的細節不屬於本書範疇，筆者仍希望本書針對資料工作同理心的探討，以及所有的討論，都已與這個主題產生了清晰的連結。同樣地，隨著人工智慧能力的提升，我們需要專家的指引，了解什麼是正確的事、什麼是可能的事。資料是機器了解事物的媒介。這意

味著人工智慧必須透過資料學習對錯。在我們著手建造由資料驅動的優質社會的同時，我們必須透過治理我們的資料，來尊重資料所代表的人，並讓我們的系統以正確的方式處理偏見、體現理想的倫理。我們還需要學習如何更好地處理這些新知識系統的濫用。很多時候，這會涉及理解濫用者以及其受害者的需求與感受。

現代資料品質

　　一如資料治理已隨著時間演化，我們也需要現代化的資料品質觀點來涵蓋更廣泛的主題，而不是專注於傳統焦點。現代資料品質與現代資料治理能攜手並行。我們需要一個能涵蓋所有資料工作領域的方法，並為我們的資料產品創造一個可信任的架構。在這個架構中，人們能自在討論失敗與成功，而不會在整體過程中丟失信任。我們需要這個架構，因為我們必須充分利用資料這項新的寶貴資源。

　　如本節開頭所述，不只是資料生產者，資料消費者也應該積極建立這種信任。資料消費者必須提問、質疑、聆聽，而不是被動地消費。這樣不但能更快建立信任，也是更具同理心的工作關係。

　　同理心資料品質有五人要素：

1. 分類：品質的「什麼」（what）。
2. 可用性：品質的「何時」（when）。
3. 偏差：品質的「如何」（how）。

4. 倫理：品質的「為何」（why）。

5. 概率：品質的另一個「如何」（how）。

分類

在同理心品質的要素中，分類是最具確定性且最容易具體描述的一項。它與資料集中所存在的東西有關。簡而言之，它說明事物的名稱以及它們之間的關聯。例子包括：缺漏的數值、錯誤拼寫、錯誤關聯，以及拼字或關聯的意外改變。這是最接近傳統資料品質的要素，但傳統資料品質只是同理心資料品質分類法的一個子集。在已故者辨識的例子中，這會是沒有被更新的關聯。

若要在分類上建立信任，你需要檢驗和解釋資料含有什麼內容。你能證明其中的價值符合時宜嗎？你是否能證明資料元素間存在的關聯是正確的？有什麼流程能確認這些事嗎？有什麼流程能檢驗情況仍然如此？

可用性

相較於分類，可取得性較不具確定性，也較不容易具體描述。它涉及缺漏的資料點、資料點中不一致或無可比較的精細度。精細度是指資料的詳盡程度。高精細度的資料有許多細節，而低精細度的資料比較籠統。舉例而言，如果每日時間序列資料集中遺漏了一天，那就會是可用性方面的品質問題；不一致的精細度（例如資料有時是日資料、有時是小時資料、有時是月資料）也會是品質問

題。在沒有進行聚合的情況下比較日資料和月資料會造成分析上的問題（尤其是沒有及時發現這個品質問題的時候）。若要正確理解可用性的概念，就需要一系列資料，並了解精細度被賦予的期待。

若要在可用性上建立信任，你就必須能夠展示資料的可用性與精細度。或許你可以提出證據，證明資料是依照時間表以正確方式蒐集的，或是資料內部具有一致的精細度。如果有必要聚合資料集來進行比較，其過程對於使用者來說是否夠透明？

偏差

偏差是現代資料品質最棘手的要素，也是對與自動化相關的信任最具破壞性的因素。偏差問的是：數值是否有異狀？數值合理嗎？數值是否出現奇怪的改變？若要檢查與偏差方面的品質，你不僅需要理解數值的意義，還要知道它們應該如何改變。對於某個資料集來說，什麼情況屬於合理？

舉例而言，若要分析社群媒體資料，你往往會從應用程式介面蒐集資料。有可能的情況是，雖然技術上的連結運作正確，但是數值的行為卻很怪異。如果涉及全自動化系統（而該系統可能是透過使用者可見的圖表來顯示運作情況），使用者很能會發現數字的異常改變，進而對整體系統失去信任 —— 即便技術層面的運作完全正確也一樣。

若要在偏差上建立信任，就必須讓蒐集資料的過程透明化，這樣使用者就能了解錯誤是來自源頭還是來自你的工作。建構檢測這

種品質的方法時，透明度同樣是關鍵。使用者看得出來數值為什麼標識為異常嗎？使用者能隨著世界的變化自行調整規則嗎？

倫理

倫理是現代資料品質要素中最新的一項。雖然這項要素應該要在資料工作開始之初就存在，但現實卻不然，所以現在整個產業得追趕進度了。資料的力量與影響發展得比科技專家的倫理教育快得多。

倫理是經過提煉的道德原則，它會影響人們採取的任何行動。人們在這些行動之外，可能持有不同的核心道德原則。各位可能會覺得這聽起來很怪，但在組織環境中，倫理的景況會隨著該環境中的文化與人們的預期而改變。舉一個倫理景況改變造成駭人結果的極端例子。在一九七一年進行的史丹佛監獄實驗中，一群學生被隨機分為守衛和囚犯，最後「守衛」對「囚犯」施加了他們在實驗環境之外絕對做不出來的精神折磨。

以當代來看，電玩業者透過行為科學的手段，利用使用者資訊和行為資料使社交電玩應用程式更容易上癮，即為不良倫理的實例。有多篇文章都曾點出，線上影片頻道會以這類手段製作兒童影片；甚至還有某家新創公司的所有業務，就是提供令產品更容易上癮的演算法。

從資料的角度來看，我們必須提出許多問題，從樣本偏誤到人類行為影響資料紀錄的內容，乃至於我們的工作所造成的影響。

運用資料做決定意味著我們在世界中運用資料採取行動。這些行動會帶來後果。儘早提出關於偏誤（包含所有形式的偏誤）以及我們試圖達成什麼事的問題，有助於讓倫理問題浮出水面。當資料集被用來訓練機器學習模型，而這些模型會在該領域作為人工智慧系統時，提出這些問題就更重要了。

資料界有個著名寓言是關於運用累積二十年的銀行借貸資料來訓練演算法，結果意外導致一個將社會偏見放大的學習模型的情況。為什麼會這樣？這是因為在過去二十中年，大多數銀行借貸決策者都是人類所做的。那些資料包含了人們過往行為的偏誤。可嘆的是，人們從顯性層面到下意識層面都存在偏誤和偏見。

系統產生的資料在技術上可能是正確的 —— 這些資料的流動可能不會有問題，而且所有紀錄都正確。然而，如果人們發現訓練系統的方法使系統產生偏見，他們可能會對它失去信任。倫理和偏見應該被視為現代資料品質的一部分（尤其是我們以同理心進行思考的情況）。

概率

論及同理心資料品質時，概率與「成果交付的方式」以及「在什麼脈絡下交付給誰」比較有關，而與產生該成果的實際數學過程較無關聯。對於沒有統計背景的人來說，概率性答案的本質感覺起

來可能很奇怪。沒有統計背景的人可能包括習慣於二進制決定論[38]的程式設計師。若將概率性的「正向答覆」傳遞到一個環境中，但該環境的消費者都只習慣於二進制的答案，就可能導致糟糕的決策並破壞信任。

雖然這可能違反直覺，但來自商業背景且技術性較低的人，可能會遠更容易接受概率的模糊性（前提是有人正確地向他們解釋原委）。他們很習慣於涉及某種程度的直覺和經驗的人類答案，所以能夠接受不是百分之百的確定性。你會需要運用技術同理心技巧來了解人們會如何理解並使用一項概率性的答案。

許多機器學習演算法會給出概率性的答案。舉布隆過濾器（Bloom filter）為例，它是演算法產生的資料結構，能讓使用者檢查集合中的項目是否存在。簡而言之，該演算法會回答你「我見過這個嗎？」的問題。筆者會選擇它為例，除了是因為它相對不尋常，也是因為它具有二進制輸出的有趣特性：它在確定性上會給出「否」的答案，但在概率性上會給出「是」的答案。在根據資料記錄評估規則以進行過濾時，這第二個特性非常有用。知道某項東西不存在能加快資料處理速度。各位可以這麼想：

「我看過這個嗎？」沒有。繼續。

「我看過這個嗎？」大概有。

布隆過濾器對儲存在二進制陣列中的每個規則都會使用一個指

38　簡而言之就是：「世界非黑即白，不是1就是0，若輸入相同的資料，演算法產生的結果會永遠相同。」

紋（fingerprint）。每個條目都被雜湊（hashed）[39]成一個跨越陣列多個條目的指紋。對待查資料進行雜湊和檢查時，如果其指紋有部分不存在於陣列中，它就絕不可能符合紀錄中的規則。如果雜湊存在於該陣列中，它可能是作為不同數值的指紋的一部分而生成的。這意味著正確匹配的概率會隨著條目數量增加而降低。對於習慣二進制情況的程式設計師來說，他們習慣演算法提供的確定性，所以如果沒有正確地（或富有同理心地）傳遞這個模型，他們可能會因為「否」的確定性本質，而對「是」的概率性本質產生不佳的假設。

對於資料品質而言，如果你只是說系統可能看過某項東西，而不是說絕對看過，那就意味著情況存在著誤差範圍。這代表該資料的使用者必須理解並信任一個不確定的情況；該資料只是可能有品質。

錯誤

我們這裡談的是錯誤，或是不良決策的錯誤，而不是統計學上的「誤差」——即觀察值與預期值之間的可量化差異。

「錯誤」一詞可應用於上述現代資料品質的任何五大要素的情況中。這裡指的可能是資料中的錯誤（分類、可用性及偏差）、判斷上的錯誤（倫理），或是理解上的錯誤（概率）。在你的領域中，以及任何你任職的組織中，都會存在著許多錯誤的來源，這些來源涉

39　雜湊演算法會為輸入的訊息生成一個確定性數字。

及所有關於品質的問題。出現在組織外的錯誤可能會透過資料被運送到組織內。

　　第一步是辨識錯誤屬於哪項要素。接著是要理解涉及該要素的需求與感受，這能為「如何處理該錯誤」的討論打下堅實的基礎。

同理性資料品質如何被執行？

　　同理性資料品質並未歸結為一套工具或解決方案 —— 筆者認為這可能永遠不會發生。會有一套不斷演化的良好實踐，最終能跟上工具環境的改變。這意味著，來自資料生產者和資料消費者雙方的同理心在建構和維持一個信任關係方面很重要。

　　品管是在資料系統中設置的一種程序，用於在錯誤摧毀信任之前，及時捕獲已知錯誤並辨識意外錯誤。許多可用工具都能讓你設置系統檢查。舉例而言，關聯式資料庫（因為關聯式模型的關係）就有一套非常精良的方法來確保資料符合特定的預定義模型。這在評估分類品質方面能發揮強大效果。然而，如果週遭資料系統無法處理任何來自不斷變化的環境的錯誤，當資料庫拒絕不符合預定義模型的數值時，這些數值可能會遺失，進而造成可用性的問題。

　　若採取資料湖的方法，你的系統設置將更能防止資料流失（畢竟你儲存了所有東西），但你必須建構額外程序來確保資料能遵循特定模型或標準。如果你採取讀取時才產生資料綱要（schema-onread）[40] 的方法，任何分類上的錯誤都只能在可能的最後時刻被捕捉，導致結果錯誤或是不可用。

如我們先前所見，資料是處於任何格式、模型或工具領域之外的實體。資料存在於被記錄的數值中，而不是存在於被記錄的方式或位置中。這麼說來，在一個資料系統中工作時，保持高水準的品質是一大難題。透過運用同理心並在資料生產者和消費者之間建立關於品質與信任的對談，你會更有機會建立一個適用於每個人的流程，並且在遇到每個系統都會面臨的難題時，都能迎刃而解。

從今天開始

此附錄涵蓋了廣泛的思考議題，從格式和標準談到工具與品質，但是請記得，這裡的討論重點在於人們在格式、標準、工具和品質工作中的重要性。

我們在發展技術同理心這項軟技能時，也在發展通過他人的感受與需求來思考的能力。在我們被要求於其中工作的系統中，我們尋找著系統中能作為感受與需求的證據的文物。在進入既定系統時，你首先必須當個人類學和考古學家，挖掘表面下的真實事物。

雖然閱讀和思考很有價值，但是你必須開始練習真正地將這個技能發展為一個習慣或感知。技術同理心不應該是漫長費力的過

40　資料需要符合的模型或綱要，完全是受到對資料集進行的查詢所定義。

程。透過練習，在幾次呼吸的時間內，你應該就能思考與你工作相關的其他人的需求與感受。我們要質疑自己的假設，並思考怎麼讓別人活得更輕鬆。

在此過程中，你也在思考自己如何變得更成功。

給資料旅程初心者的
資料擘劃指南

什麼是資料擘劃？

資料擘劃（Data Landscaping）是一種能提升團隊的技術同理心的練習。有了此技巧，團隊就能描繪出資料與提議目標之間的關係圖來安排行動的優先順序。這項技巧應該在繁複的資料工作中儘早使用，以便幫助更多團隊成員了解專案的緣由。資料擘劃有助預防團隊走上錯誤的道路。這項技巧能鼓勵整個組織的合作和討論，而非聚焦於技術層面。

資料擘劃聚焦於需要優先執行的行動，而且對於要採取什麼行動、某項行動為何能優先執行，具有明確的理由。理想上，資料擘劃能列出接下來要執行的三項優先行動的清單。處理完這三項行動後，團隊會回到資料擘劃階段，研擬下一個步驟。就這層意義來說，這是一個能引導繁複的數據工作的簡單架構。

每次進行資料擘劃時，都會需要一個情境或問題來處理，這可能是關於你的組織、工作，或某個你希望用資料來解答的某個商業問題。

資料擘劃完全沒有限定該使用哪一種科技。即便是用紙跟筆也能跟在螢幕上一樣運行自如。它完全聚焦於資料以及適用的場合。

此技巧的背景

作者菲爾在許多不同組織中與各式各樣的人共事的五年間，發展出這項技巧。此技巧已應用於諮詢、新創事業和資料科學。

這項技巧部分源於「概念構圖」（mapping）學派，並受到沃德利構圖（Wardley Mapping）[01]的影響。概念構圖技巧關注的是位置和移動，而非相聯的關係。在任何概念構圖中，每個項目的移動都具有重大意義。在其他示意圖技巧 如實體關係模型（entity relationship model）或架構圖中，只要方框和直線之間的關係不變，則位置涉及的是設計而非功能。

資料擘劃的配置是跨兩個軸的「四框矩陣」（four-box matrix）。軸的規模與構圖本身的元素呈相對關係；在概念概念上可以這樣表達：「軸上的元素A高於或小於元素B？」，而不是：「元素A位於軸的這個點」。

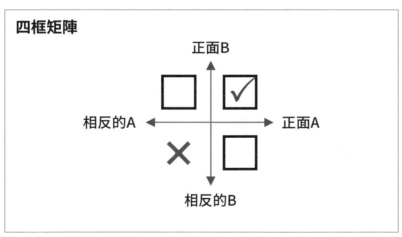

圖20：四框矩陣

01 　一個探索價值鏈的技巧，這個價值鏈從使用者需求往回連結到商品與市場能力。

四框矩陣中的右上象限正面朝著某個終點（已確認的目標或目的），左下象限屬於負面，而其餘兩個框的含義則與各自的軸相關。

　　舉常見的「難易度／價值的四框矩陣」為例。

　　我們會在資料擘劃的稍後階段回來使用這個矩陣。

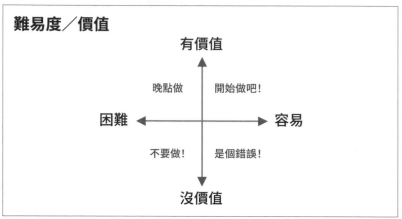

圖21：難易度／價值

　　另一個例子是「急迫性／重要性」矩陣。

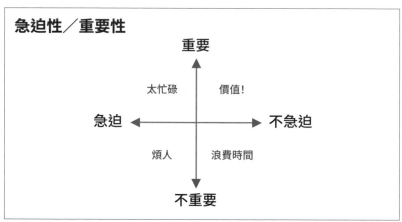

圖22：急迫性／重要性矩陣

請注意，這裡的「不急迫」屬於X軸的正面方向，這點是基於艾森豪（Eisenhower）的輕重緩急原則（Urgent/Important Principle）[02]，該原則聚焦於有效地利用時間，而不是自動地利用時間。

模型與過程

在資料擘劃中，我們在X軸上使用「遠／近」，在Y軸上使用「暗／亮」；右上的方框是「近／亮」，而左下的方框是「遠／暗」。

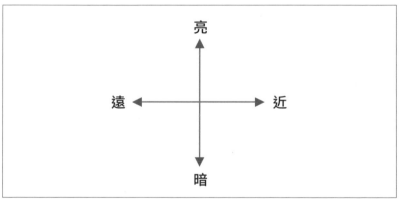

圖23：資料擘劃矩陣

遠／近

遠／近指的是待處理資料的可取得性。近距離資料是你能夠立即處理的資料。舉例而言，對於一個會使用結構化查詢語言且有

02　前美國總統艾森豪曾說：「我把問題分為兩類：急迫的和重要的。急迫的不重要，重要的永遠不急迫。」

正確授權的人來說，儲存在關聯式資料庫中的資料就屬於近距離資料。對於會使用電子表格的人來說，近距離資料可能是指他們每週透過電郵收取的活頁簿資料。遠距離資料是無法取得的資料。它的不可取得性使你無法使用它。

距離可以是財務上的或科技上的。只有在資料無法線上取得時，才會是物理上的距離 —— 這種情境仍然存在。科技距離可能是基於所需程序、系統複雜度或操作者的技巧。財務距離主要涉及花費，但也可能是指取透過人力資源取得資料所需的時間。

練習一：列出你常使用的兩個資料集，以及三個你所知且想使用的資料集，並根據他們與你的接近程度進行排序。請記得，你需要一個情境來進行此活動，這個情境可以是關於你的組織、工作，或是你想解答的特定問題。

如果你想不出來，可以選取下列清單中的資料集 —— 此排序活動旨在練習，不必與你的工作實際相關。

- 電子郵件
- 人類基因組
- 聯絡人姓名與地址
- 行銷支出
- 銅價
- 網站來訪者

- 你認識的所有人的眼睛顏色

- 競爭者的定價

- 去年的產品銷售量

- 客戶平均支出

- 莎士比亞戲劇中每句台詞的情感

- 客戶的人口組成

- 各國人口密度

- 各國主要農作物

- 各區域的巧克力棒銷售量

- 過去一百年的全球平均溫度

暗／亮

　　暗／亮指的是你使用資料集的能力。亮資料是指你知道如何利用它來獲取新知識的資料；你會明白如何處理它以達成某個目標。暗資料是指你不知道如何使用的資料。無論是否能取得該資料，你都不知道該如何使用它。舉例而言，假設你在公園賣檸檬汁，你會知道如何運用「公園各區域人流」的資料，這份資料能幫助你選擇在哪裡設置攤位。這屬於亮資料。天氣資料也是亮資料。另一方面，公園確切的平方米面積，馬德里的帽子銷量，或是祕魯的人口密度，與你的工作都沒有明確的關聯。這些則是暗資料集。請注意，這些程度是相對的。在資料擘劃圖中，你可以包含上述的資料集，並決定它們彼此的相對位置。

「暗資料」（dark data）[03]一詞最初是由產業分析服務公司顧能（Gartner）發明的，用以形容一個組織可能擁有，但從未使用過的所有資料。「暗」一詞是用來將暗資料與暗物質比較，因為暗資料往往是組織資料資產中較大的部分。各位很快就會看到顧能的定義如何適用於資料擘劃。

練習二：拿練習一的資料集清單，再根據你自己的工作將資料集從暗到亮進行排序。這些資料集在某種程度上可能都屬於「暗」資料，但你仍然可以根據它們的相對程度，將它們置於程度表上。

象限

我們已經定義了兩個軸，現在可以看看定義下的象限。

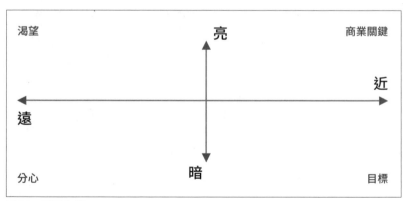

圖24：四個方框

03　出處：'Dark Data', Gartner Glossary，參見：www.gartner.com/it-glossary/dark-data。

右上角是「近／亮」象，也稱作「商業關鍵」象限。此象限的資料是你擁有、而且知道如何使用的資料。多數組織都有以某種方式定期使用的資料，即便那只是人們捕捉於紙本上的簡單診斷資料（diagnostic data）。若此象限中真的沒有資料，資料擘劃的技巧能幫助你將資料朝著這個象限的方向移動。

　　左下角是「遠／暗」象限，也稱作「分心」象限。這個象限是夢想的所在 —— 你不確定如何使用、也絕對不擁有這裡的資料集，但是你會花時間想像它們的樣貌。

　　左上角是「遠／亮」象限，也稱作「渴望」象限。你明確知道如何使用此象限中的資料集，但你沒有取得它們的管道。大多數銷售產品的組織都會很想知道對手的區域行銷支出和銷售量，但是沒有管道取得這項資料。也有可能是資料集太過昂貴或難以取得。在石油和天然氣的情況中，大量投資會用於評估油井的資源剩餘量。這是技術上非常困難，但價值很高的行動。如果取得精確的資料，相關組織會知道如何使用。

　　右下角是「近／暗」象限，也稱作「目標」象限。你知道你擁有資料，但不知道如何使用它。顧能的暗資料定義指的就是這個右下角的象限。大數據的蓬勃發展是建構在「能夠處理大量近／暗資料，使組織能獲取競爭優勢」這項承諾上。舉例而言，某公司可能有累積十年的客訴紀錄，每筆紀錄都作為一張票單獨處理。使用大數據技巧與人工智慧驅動的自然語言分析，我們就能以新的方式理解這些客訴的面貌。

練習三：拿練習一和二經過排序的數據集，將它們置入四個象限中，看它們是落入商業關鍵、分心、渴望、還是目標的範疇。

移動

練習三的構圖只是資料擘劃的起點而已，它能讓你了解你的資料在哪裡，以及它們的利用情況。下一個步驟是要檢視資料往更有價值的象限移動的情況。

移動會沿著各個軸的兩個大致方向發生。從「遠」到「近」的移動稱作「取得」。這是因為當你將資料移近時，在某種程度上，就是讓資料更容易取得。舉例而言，如果你因為未購買而無法取得某資料集，購買它會讓它向你靠近。這個原則也適用於技術取用。如果資料可以在應用程式介面中取得，那創造一個編碼將有助於你取得該資料。

從「暗」到「亮」的移動稱作「教育」。這是因為當你把資料「變亮」時，你會更了解怎麼使用它。舉例而言，閱讀關於資料集儲存內容的文件後，你會理解可用數值的欄位和範圍。[04] 教育也能透過與有該資料經驗的人對話來達成。進入一個新組織的資料科學家需要在工作開始時使用同理心技巧，讓自己成為資料人類學家或資料考古學家。

04　在現實中，大部分的情況都不存在這種文件，所你你必須透過探索和發掘來教育自己。

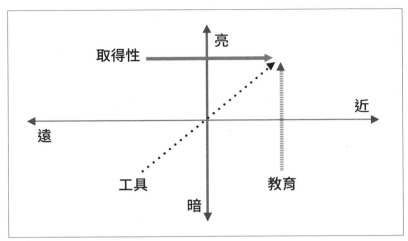

圖25：方法

　　在資料擘劃構圖中，資料最有可能以上述方向移動。在特別的情況中，或許會有工具能讓資料朝對角方向移動。那項工具不僅能讓你取得資料，也能教育你取得的是什麼資料。

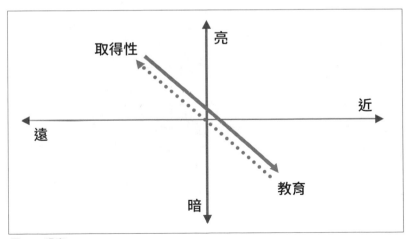

圖26：現實

到了此階段，筆者必須提出一項小警告，以調整各位的預期。雖然圖25中的移動類型是首選，不過普遍的狀況常是取得使資料變暗，教育使資料變遠（如圖26所示）。

我們很少能真正理解我們無法使用的資料集，然而在開始理解那些資料後，我們往往會發現運用它們所需的工作比想像的辛苦，尤其是使用第三方描述的資料時。舉例而言，資料科學家在面試工作時，可能會詢問組織中有哪些可用的資料集，而組織可能會表示自己擁有豐富、可立即使用的客戶資料，然而這可能是過於樂觀的答覆。當資料科學家加入組織，開始展開探索後，他們會發現這些資料處理起來有落差和技術挑戰。

在資料擘劃圖中，你可以把「移動」畫成一條直線，並在終端畫上箭頭，表示資料在移動後預期會停留的位置。這個活動與連結方框的線有關。「移動」與「資料集」用不同顏色表示比較理想。

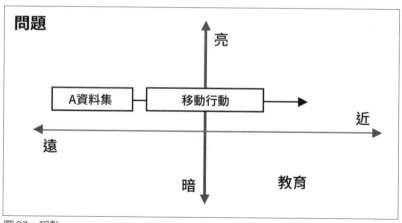

圖27：移動

請記住，這些動作只是你的期望，可能不會實際發生，僅代表著擘劃圖中的一項預期改善。這只是不斷改善的探索過程，並不造成問題。

練習四：使用你在練習一、二、三中處理過的資料集，試想它們有哪些移動的可能，並將它們畫在構圖中。

優先順序

現在，你在資料擘劃圖中已經畫出一系列的移動了，每個移動都代表可能的改善，接下來你必須弄清楚首先該做什麼。這是運用上述「難易度／價值」矩陣來安排優先順序的過程。

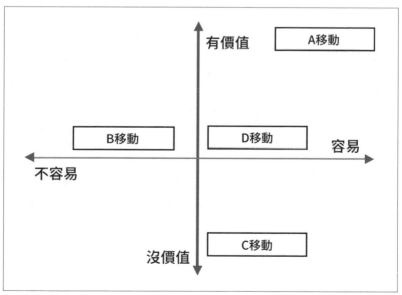

圖28：優先順序排列

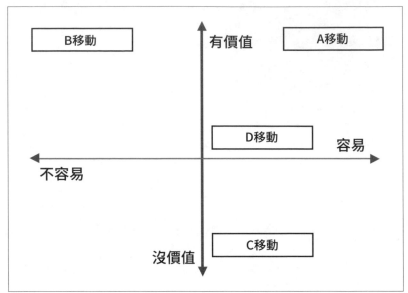

圖29：A－D移動

　　討論每個移動時，都要就它們的難易度和潛在價值，看彼此的相對關係。這個過程涉及業務人員與技術人員之間的合作。業務人員能理解某項洞見的價值，而技術人員則明白執行的相對難度。資料科學家應該要能理解兩者。

　　在多數情況中，最接近右上角（容易且有價值）的移動會作為優先的行動。當選項不明確時，可能會需要進行辯論。在此例中，A移動勝出，因為它既容易又有價值。D移動會是次佳行動，而B移動則位居第三。當企業希望將「價值」的重要性排在「難易度」之前時，往會發生辯論。舉圖29的例子，B移動和A移動在價值軸上程度相同。

這種辯論是可預期而且很正常的，我們應該擁抱它，因為這種辯論旨在激發「何種行動對組織最有用」的答案。誰獲勝並不重要，因為每個行動都必須執行，而執行成果將影響這個過程的下一個更替。

記得要將組織許多部門的人納入資料擘劃的整個過程，因為這能讓技術和非技術人員都清楚了解資料工作背後的原因。資料擘劃有助於提升技術同理心，因為每個過程參與者的需求和感受，都會在流程的驅動下顯露出來。

要選擇什麼問題？

當你在選擇要進行擘劃的問題時，以下幾個簡單考量，將有助於你做出正確選擇：

1. **問題的答案有價值**。這裡的價值指的是，資料能作為支撐答案的證據。價值可能會來自於失敗，而且時常如此。當你優先安排某項行動，結果該行動沒有達到預期成果時，那也代表你學習到了關於你之前的假設的某些事，因此這個過程是有價值的。

2. **答案是可行的行動**。在此情況下，「可行的行動」意味著當你取得問題的答案時，你能根據答案進行某個行動。雖然抽象問題或許能作為令人享受的哲學思考練習，但資料擘劃的過程應該要能將你引導到行動上。

3. **你具備問題的相關經驗。**這點很重要，因為你會需要對可用的資料集進行思考工作。如果你沒有相關的擘劃經驗，那麼你需要進行大量研究，才有辦法讓擘劃行動變得有用。然而，如果你是在替自身組織進行資料擘劃，你會有相關經驗，那過程就很直觀了。

範例

以下是一個你可以用來實驗的問題清單。你可以選擇放寬上述的規定，好好享受學習過程的樂趣。針對每個問題，思考你有哪些資料集可以使用。就你所知，是否有以某種形式存在的可用資料集呢？開放資料？政府資料？你的組織內的資料？你過去曾使用的資料？

- 我居住的街區有多危險？
- 我該住在哪裡？
- 我該做什麼工作？
- 我的樂團應該在哪裡開演唱會？
- 我該展開什麼事業？
- 我的客戶對我的看法是什麼？
- 我的下一間店要開在哪裡？
- 我的孩子該上哪間學校？
- 我的新產品該設定什麼價位？
- 外星生命存在嗎？

實際操作

我們來實際操作看看其中一個問題。

- 我們的下一間店要開在哪裡？

◉ 初步擘劃圖

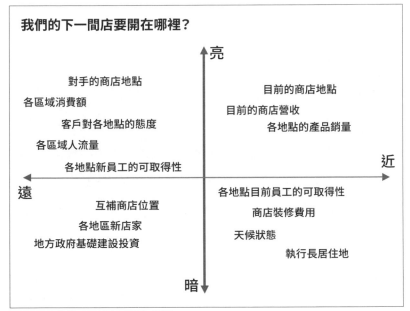

我們的下一間店要開在哪裡？

亮

對手的商店地點

各區域消費額

客戶對各地點的態度

各區域人流量

各地點新員工的可取得性

目前的商店地點

目前的商店營收

各地點的產品銷量

遠 ←————————————→ 近

互補商店位置

各地區新店家

地方政府基礎建設投資

各地點目前員工的可取得性

商店裝修費用

天候狀態

執行長居住地

暗

圖 30：我們的下一間店要開在哪裡？

我們來看看幾個置於圖中的資料集例子。筆者不會說明所有例子，讓各位有機會自己探討看看擘劃圖中的資料集為何會處於那些位置。

「目前的商店地點」之於「目前的商店營收」

請注意，「目前的商店地點」比「目前的商店營收」更近。這是因為多地點零售企業的店舖營收是隨時可取得的資料，能用於了解企業的運作情況。此資料比「目前的商店地點」更暗，因為人們不曉得這份資料和「新商店要開在哪裡」有什麼關係。

「目前的商店地點」比「目前的商店營收」更亮，因為你不太可能會希望將新的商店開在現有商店的附近。

「對手的商店地點」之於「互補商店的地點」

「對手的商店地點」是非常「亮」，但是卻比較「遠」的資料，因為對手商店的地點對於「新商店該開設在哪裡」會有直接影響 —— 在正面和負面意義上皆然。對手的商店或許能證明市場的存在，而如果你有自信自己的商店有競爭力，那麼在相同地點開店能讓你從對手那裡取得市場占有率。同樣地，如果你的對手已經滿足當地需求，或是你的品牌或服務不及對手，那你可能會選擇避開那個區域。這個資料擘劃圖的假設是你知道對手的商店在哪裡。但在真實情況中你很有可能是不知道的。這種情況的資料集會變「暗」，更像是「互補商店地點」的資料集。

就「互補商店地點」的情況而言，我們必須確立「互補商店」（或其他商家）的定義。你可以選擇將此作為另一個資料擘劃練習的對象。我們稍後會來看看這項探索練習如何能夠作為一項列在擘劃圖中的行動。

「地方政府基礎建設投資」之於「執行長住處」

關於「執行長住處」的資料在企業中或許很容易取得，所以它屬於「非常近」的資料（尤其是執行長自己提出此問題的情況）。然而，由於我們不清楚這份資料為什麼有用，它屬於「非常暗」的資料。這裡是假設執行長不認為自身住處是做決定的關鍵；如果他們認為那是關鍵，這份資料就會「亮得多」。資料擘劃會讓你能以清楚的方式提出這個關於執行長的問題。

在「地方政府基礎建設投資」的情況中，我們所擁有的是令人「分心」的資料集。這並不是說理解這份資料不會帶來巨大的價值，而是在資料擘劃的這個階段，我們不清楚什麼基礎建設對我們的客戶很重要，或是哪裡能取得這份資料。將這種資料集點子加到擘劃圖中進行討論仍然有其價值。透過討論，它可能會移動 —— 很可能變亮 —— 或是在後續過程中對關於其他資料集或行動的決策產生影響。

● 該採取的行動

現在我們有了一張資料集的擘劃圖，我們可以開始思考該採取哪些行動來移動圖中的資料集。以下例子是我們針對示例圖採取的行動。

讓我們來更詳細了解這些行動。

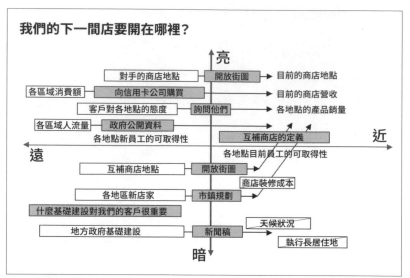

圖 31：移動示例

項目刪除

我們將「執行長住處」、「天候狀況」，與「商店裝修成本」以橫槓刪除了。這代表我們決定不繼續耗神考量這些資料集了，若不是因為它們被認為不相關（如「執行長住處」與「天候狀況」的情況），就是因為它們在我們的掌控之外（如「天候狀況」的情況）。

「開放街圖」[05]

各位會看到，之於「對手商店地點」與「互補商店地點」，我們有一個行動叫「開放街圖」。這是使用來自 openstreetmap.org 的資

05　諸如 maps.bing.com 等地圖服務也可供使用。筆者在這裡提及開放街圖是因為它使用較以資料為中心的方法。應用程式介面文件與資料格式請見：wiki.openstreetmap.org/wiki/API_v0.6。

料。開放街圖有一系列豐富的地圖圖層，涵蓋各式不同地區的商店。

我們來實際操作一下，當作範例。假設我們考慮開一間咖啡店。我們考慮開店的區域之一是倫敦的柯芬園。以下是熱鬧的七晷區（Seven Dials）購物區的地圖。

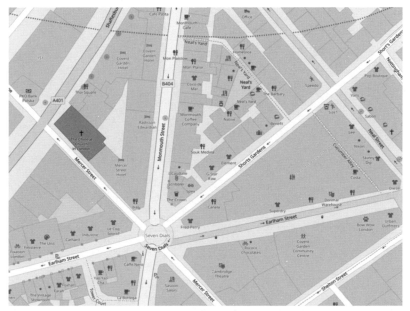

圖 32：開放街圖[06]

從對手商店地點的觀點來看，我們可以看到Costa、Caffe Nero，兩間相似的咖啡店Monmouth Café與Monmouth Coffee Company，還有幾家較小的咖啡店、餐廳和咖啡餐館。開放街圖把

06　開放街圖，請見：www.openstreetmap.org/#map=19/51.51415/-0.12697。

這些資料變得更近，讓進一步的分析變得可能。

從互補商家的觀點來看，我們在地圖中能看到一系列商家。我們也能看到一些有趣的基礎建設相關細節，例如停車和單向系統。這些觀察有助於形塑關於「互補商店的定義是什麼？」以及「哪些基礎建設對我們的客戶很重要？」這些和「地方政府基礎建設投資」相關的討論。例如，飯店（地圖上就有四間，而且這區至少有六間）算是互補商家嗎？地圖中也有許多時尚服飾零售商店。這對我們的品牌或客戶來說具有互補性嗎？

「詢問他們」

這個不言自明的行動與「客戶對各地點的態度」以及「哪些基礎建設對我們的客人很重要？」具有關聯。這個行動代表著市場研究。稍後討論優先順序安排時，會再細部分析此行動。

優先順序

現在擘劃圖中的每一項行動都是從難易度和價值的觀點考量的。當你以這種方式安排優先順序時，你必須接受它們的位置是相對且主觀的。你在擘劃過程中透過與人合作決定團體如何看待每項行動的難易度和價值。討論是好事，而且是此過程的重點所在。對於地點的妥協是可以接受的，因為你是在尋找過程中的下一步，而不是最終答案。

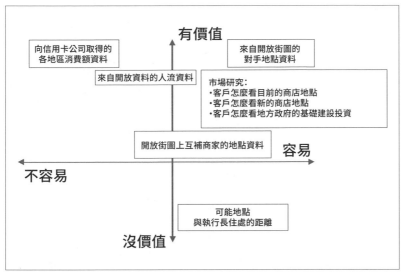

圖33：經過優先排序的例子

「來自開放街圖的對手地點資料」
與「開放街圖上互補商家的地點資料」

　　這兩份資料之間有相對程度的理解，所以受到分離。舉例而言，我們已經清楚知道哪些商店代表對手，可以直接透過開放街地圖取得這些商店的地點。知道這些地點是很有價值的，因為它們有助於篩選掉清單中不適合的地點。

　　由於我們缺乏「什麼是互補商家」的理解，所以雖然資料來自已知來源，這個檢視其他商家的行動會被視為比較沒有價值，因為我們不太清楚該如何使用這份結果資料。

「市場研究」

這項從「詢問他們」演變而來的行動開始在「難易度／價值」矩陣中變得充實。來自不同相關來源的問題匯聚為清單。這項行動開始成為進行市場研究的號召以及「市場研究為何重要」的基礎。

◉ 選擇行動

「難易度／價值」矩陣現在能生產出一個優先行動清單，清單呈現出解答該在哪裡開新店這個問題的步驟。組織中的每個成員都會知道這些行動背後的原因。這不僅是對資料工作的認可，也為參與工作的人員提供脈絡。這滿足了許多人的需求，也有助於管理參與人員的感受，因為你在討論高層級的工作而不用說明技術細節。

零售地點規劃是一個成熟的領域。對於熟稔這個領域的人來說，上述例子可能過於簡單。然而，資料擘劃工作能讓更多人觸及這項流程，也有助於零售規劃者變得更受到資料驅動。

◉ 現在你有事情可以做了

你已經為你的資料工作的三項行動安排優先順序了。你可以很容易向公司的任何人解釋這些行動。完成行動後，你也會很清楚「下一步」該做什麼。在處理這些資料的後續過程中，你將能辨識任何阻礙，並理解它們的影響。這將能促成一個透明、富有同理心與包容的資料專案。

致謝

菲爾：

我要感謝在撰寫本書過程中提供我慷慨回饋的人。你們之中許多人的名字都在本書各處出現。然而，我尤其感謝我的家人在我寫作期間慷慨付出的耐心。特別感謝 Lisa Talia Moretti、Jane Ahn 和 James Marshall 給了我深刻且詳細的回饋。

諾莉雅：

我要感謝許多人的大力支持與鼓勵。首先，我要感謝本書的合作搭檔和好友菲爾‧哈維，也要感謝愛我的家人，以及在這個艱辛費力的過程中支持我的朋友，也要感謝不吝與我討論和分享經驗的人們，你們幫助了我寫這本書：Rim Fares、Naomi McLean、Zack Akil、Joelle Owusu、Simon Brunner、Daniel Maldonado、Paola Schotten、Alejandro Abelenda、Fer Montenegro 與 Soledad Montenegro。最後感謝反抗滅絕組織、地球之友，以及格蕾塔‧童貝里（Greta Thunberg），他們的傑出工作替無以計數的人發聲。

菲爾與諾莉雅：

我們兩人都希望感謝 DeAndra Lupu、Rachel Kerr、John Mitchinson 以及未裝釘出版社的全體團隊，沒有你們就沒有這本書。

資料同理心
飛奔的資料科學如何變成「易讀好用」的人類新資源？
DATA：A Guide to Humans

菲爾・哈維（Phil Harvey）
諾莉雅・希門尼斯・馬丁尼茲 博士（Dr. Noelia Jiménez Martínez） 著
田詠綸 譯

大寫出版

書　　系	〈Catch on! 知道的書〉HC0103
著　　者	菲爾・哈維、諾莉雅・希門尼斯・馬丁尼茲
譯　　者	田詠綸
行銷企畫	王綏晨、邱紹溢、陳詩婷、曾曉玲、曾志傑
大寫出版	鄭俊平
發 行 人	蘇拾平
出　　版	大寫出版 Briefing Press
發　　行	大雁文化事業股份有限公司
	台北市復興北路333號11樓之4
	24小時傳真服務（02）27181258
	讀者服務信箱 E-mail: andbooks@andbooks.com.tw

初版一刷　2022年11月
定　　價　480元

版權所有・翻印必究 Printed in Taiwan・All Rights Reserved
本書如遇缺頁、購買時即破損等瑕疵，請寄回本社更換
歡迎光臨大雁出版基地官網 www.andbooks.com.tw

國家圖書館出版品預行編目(CIP)資料

資料同理心：飛奔的資料科學如何變成「易讀好用」的人類新資源？｜菲爾・哈維（Phil Harvey），諾莉雅・希門尼斯・馬丁尼茲（Noelia Jiménez Martínez）著｜田詠綸 譯
初版｜臺北市：大寫出版社出版：大雁文化事業股份有限公司發行｜2022.11｜268面｜15*21公分｜Catch on! 知道的書；HC0103
譯自：Data: a guide to humans
ISBN 978-957-9689-81-6（平裝）

1.CST: 資訊社會　2.CST: 資料探勘　3.CST: 資料處理

541.415　　　　　　　　　　111011578

Catch on!
知道的卓

Catch on!
知道的事